이미지로 읽는
중화인민공화국

지은이 유영하(柳泳夏)는 현재 백석대학교 중국어학과 교수이며, 중국 난징사범대학 중한문화연구센터 연구교수이다. 지은 책으로『홍콩이라는 문화공간』(2008년 문화관광부 우수학술도서),『홍콩-천 가지 표정의 도시』가 있으며, 옮긴 책으로『포스트 문화대혁명』,『상하이에서 부치는 편지』등이, 엮은 책으로『중국 백년 산문선』등이 있다. 그 외에 「권위주의 체제에서 작가의 세계관 지양문제」, 「중국과 홍콩-2개 국족 신분의 충돌」등 논문 30여 편이 있다.

이미지로 읽는 중화인민공화국

초판 1쇄 인쇄 2010년 10월 20일
초판 2쇄 발행 2012년 06월 20일

지은이 유영하 펴낸이 박성모 펴낸곳 소명출판 출판등록 제13-522호
주소 서울시 서초구 서초동 1621-18 란빌딩 1층
전화 02-585-7840 팩스 02-585-7848 전자우편 somyong@korea.com 홈페이지 www.somyong.co.kr

값 12,000원
ISBN 978-89-5626-483-7 03910
ⓒ 2010, 유영하

이미지로 읽는
중화인민공화국

People's Republic of China Read through Images

유영하 지음

소명출판

베수비오 화산이 폼페이를 삼킨 것처럼 몽마르트르 언덕의 폭발이 파리를 삼켜버리기라도 한다면 1500년 후에 간판을 통해 우리나라 전쟁의 역사와 문학사를 재구성해낼 수 있을 것이다.

- 빅토르 푸르넬(Victor Fournel)

책머리에

2009년은 중화인민공화국 건국 60주년이 되는 해였다. 중국 전역은 각종 기념행사로 떠들썩했다. 행사는 또 다른 행사를 불러오고, 모든 언론 매체는 때맞춰 애국주의를 선동하는 기념 프로그램 기획에 몰두했다. '60년의 찬란한 성과'라는 구호가 모든 곳을 장식하고 공중파를 포함한 모든 매체는 시청자와 독자의 시선을 애국에 고정시키고 있었다. 영리를 도모하는 회사도 그들의 속성대로 각종 기념 상품을 앞다투어 출시했다. 그 중에서도 혁명성지를 순례하는 여행사의 기획상품은 날개 돋힌 듯 팔리고, 관광업계는 특수 이익을 톡톡히 누렸단다. 그렇게 지금까지 중국에는 애국주의 광풍이 불고 있다.

2008년은 중국의 개혁개방 30주년이 되는 해였다. 마찬가지로 텔레비전이나 신문 잡지 등 중국의 각종 대중매체는 개혁개방의 '찬란한' 성과를 연일 집중 보도했다. 특히 개혁개방을 결정한 11차 당대회 3중전회를 기념하는 날(1978년 12월 18일)이 가까워 올수록 30주년이라는 어휘는 공사석을 막론하고 인구에 회자되고 있었다.

전반적으로 중국의 모든 매체는 개혁개방 30년과 건국 60년을 전적으로 옹호하고 그 결과에 대해 대만족하고 있다. 뿐만 아니라 여러 가지 특집 형식을 빌려 시종일관 그 성과를 찬양하고 있다. 하지만 외국인인 나로서는 입만 벌리면 '위대한' 성과, '정확한' 판단이라는 자랑에 반발심이 드는 것도 사실이다. 그런 미사여구를 계속 듣고 있다 보면 슬그머니 화가 난다. 도대체 어디가 문제이며 무엇이 잘못되었다는 이야기는 왜 안 나오는지?

그런 장면을 보면서 나는 1970년대 10월 유신 전후의 언론을 떠올렸다. 당시 초등학교에 다니던 나에게 '국가'와 '민족'은 라디오와 텔레비전을 통해 밤낮을 가리지 않고 다가왔고, 국민소득 1천불과 수출 1백억불 시대에 대한 환상은 콩트나 드라마의 주요 메뉴로 재탕에 재탕을 거듭했었다.

각종 수치를 놓고 보면 그동안 중국은 비약적인 발전을 했다. 그 속도에 대해 전 세계가 놀라고 있는 것이 사실이다. 발전이라는 어휘의 배경을 자본주의적 경제 발전이라고 단정한다면, 경제 발전은 이제 중국이 늘 말하는 '단단한 도리(硬道理 - 절대 진리)'로 자리 잡았다. 하지만 그럼에도 불구하고 13차 당대회에서 15차 당대회까지 등장 빈도가 가장 높았던 단어가 '사회주의'였음을 볼 때 국가 이념과 발전방향에 대한 그들의 고민을 간접적으로 읽을 수 있다.

표면적으로 개혁개방으로 야기된 최대 변화는 도시화일 것이다. 그들이 말하는 '찬란한' 성과는 항상 작은 농촌이 큰 도시로 변화했다는 것으로부터 시작되는 것이니까. 바야흐로 중국의 모든 농어촌이 도시화를 향해 일로매진하고 있다. 개혁개방 30주년과 건국 60

주년을 자랑하면서 그들이 첫 손가락으로 꼽는 것은 초고층 빌딩들이고, 또 몇십 배 증가한 경제 수치들이다. 초고층 빌딩과 경제수치는 근대화를 상징하는가? 근대화는 도시화와 등가인가?

이 책은 최근 몇 년 동안 틈틈이 카메라를 둘러매고 중국을 다니면서 보고 듣고 생각한 결과물이다. 특히 2008년 10월 말부터 12월 말까지 2개월 동안 중국에 체류하면서 개혁개방 30년과 건국 60년의 결과는 도대체 무엇이며, 진정한 근대화가 무엇인지를 생각해보는 과정에서 탄생되었다. 내 눈에 띄는 도시 공간의 변화와 특징이 분석의 대상이었는데, 그것을 통해서 중국의 현재를 읽고 싶었다. 소재에 대한 선정은 매우 주관적이어서 내 눈에 들어오는 장면이나 현상을 우선했다.

중국 구석구석의 시각 이미지에는 그들의 한 맺힌 과거가 있고 현재와 미래가 담겨있다. 내 눈에 들어오는 장면의 함의와 배경을 따져 보았다. 전후 1백 년의 역사는 동시대라고 할 수 있다. 그래서 역사는 과거와 현재의 대화일 것이다. 중국의 이른바 '눈부신 발전'의 결과를 통하여 근대화의 진정한 의미에 대해 다시 한번 생각해 보았으면 좋겠다. 결과적으로 이 책은 도시화와 자본화 그리고 국가주의·중화주의에 대한 비판서이다.

2010년 2월

柳泳夏

차례

이미지로 읽는 중화인민공화국

01

구호만능

1. 모범 대학생

● 중화인민표어공화국

　지금 중국 대도시는 플래카드로 뒤덮여 있다. 빨간색 바탕에 노란색 글자나 하얀 색 글자로 된 플래카드는 고속도로에도 그리고 시내 큰 도로에도 작은 뒷골목에도 보인다. 또 크고 작은 건물을 장식하고 있다. 도시 전체가 플래카드로 도배되어 있다고 해도 과언이 아니다. 그런 측면에서 나는 중국을 **중화인민표어공화국**이라고 부른다. 선전이나 홍보를 플래카드의 목적으로 볼 때, 중국은 선전할 것과 홍보 할 것이 너무나 많은 곳임에 틀림이 없어 보인다. 표어나 구호를 담고 있는 각종 형식의 플래카드를 보면, 그것의 홍보 효과에 대해 궁금해진다. 중국인들은 저것을 쳐다보기는 할까? 저것을 만들고 설치하는 사람들은 저것의 홍보 능력에 대해 얼마나 신뢰할까?라는 의문이 드는 것은 인지상정 일게다.

　우리나라의 표어와 비교해보면 양국의 차이를 분명하게 알 수 있다. 가야산 해인사 앞에는 '쓰레기를 버리는 그 마음을 버립시다'는 표어가 보이고, 서울 지하철 객실의 노약자석에는 '젊은이 내 자리가 그렇게 탐나우?'라는 글귀가 우리를 쳐다보고 있다. 우리 대학 남자 화장실 소변기 위의 '남자가 흘리지 말아야 하는 것은 눈물만이 아닙니다'라는 문구는 우리를 잠시나마 웃게 만든다. 중국이 여전히 구호식 표어의 전형을 보여준다면, 우리나라는 조금 부드러운 문구를 구사한다. 그런 차이가 국가 간 도시 간에 다른 이미지를 창출하는 것이다.

　물론 우리나라에서도 여전히 장식용처럼 보이는 표어나 구호가 보인다. 몇 년 전 충청남도 소재 한 초등학교의 교문위에는 '21세기의 창조적 민주시민이 되자'라는 플래카드가 붙어 있었다. 그 글귀는 누구를 위한 것이었을까? 그 학교에 다니는 초등학생을 위한

이미지로 읽는 중화인민공화국

한국의 표어보다는 무겁고 권위적인 내용들의 플래카드를 중국 곳곳에서 쉽게 발견할 수 있다. 플래카드 내용은 "화재는 무정하니 생명을 아끼자."(광저우)

것인가, 아니면 지나가는 일반 시민을 위한 것일까? 아니면 학교 책임자 자신을 위한 다짐이었는지도 모를 일이다. 아무튼 그 플래카드의 주인은 누군가를 창조적 민주시민으로 만들고자하는 욕망을 안고 있었다. 한 때 경기도의 한 초등학교에는 '꿈과 사랑이 가득한 학교'라는 글귀가 붙어있었다. 이것은 앞에서 본 것보다 조금 더 구체적이고 부드러운 분위기를 연출한다. 적어도 자신의 의지대로 세상을 바꾸고야 말겠다는 욕망이 다소 약하기 때문이다.

표어나 구호를 보면 그 사회나 조직의 정체성이 보인다. 알다시피 우리나라에서 직접적이고 강압적인 표어가 사라진 것은 불과 몇 년 되지 않는다. 하지만 우리는 여전히 화장실에서 앞 자크를 내리면서 조차 무언가를 읽어야만 하는 사회에 살고 있다. 2009년 지금까지도 라디오에서나 텔레비전에서 '우리는 얼마나 더 부끄러워야 합니까'라는 공익광고협의회의 광고는 중단 없이 계속 되고 있다. 그것이 우리 대한민국 근대화의 진정한 현주소인 것이다. 우리 국민의 민도가 그 수준이라는 말이다. 대중 계몽을 위한 표어나

표어나 구어를 보면 그 사회나 조직의 정체성이 보인다. 하지만 중국에서 표어는 너무나 많은 곳에 있어서 그냥 장식용뿐이라는 생각까지 든다. '안전제일' 표어가 있는 곳은 안전하지 않다. 플래카드 내용은 '방화 책임은 태산보다 무겁다'(광저우)

구호는 우리나라에서도 그런 형식으로 지속되고 있다.

중국에서 표어는 너무나 많은 곳에 걸려 있기에 그냥 장식용뿐이라는 생각까지 든다. 일설에 의하면 표어나 구호의 성행은 해당 조직 간부의 리더십을 자랑하는 것이란다. 다시 말하면 책임자가 사회와 '인민'을 위해서 이렇게 노심초사하고 있다는 것을 여실히 증명해주는 증거물일뿐이라는 것이다. 외치고 또 외쳐서 불러 모으고, 움직이게 해야 하는 것이 사회주의 고유의 관성인지도 모르겠지만, 아무튼 표어나 구호를 붙이고 적어놓은 사람이나 그것을 보게 될 사람 모두 그것의 존재에 대해 크게 신경 쓰지 않는다는 것이다.

그럼에도 불구하고 표어나 구호의 존재가 주는 의미는 쉽게 간과할 수 없다. 왜냐하면 표어와 구호는 적어도 그 사회나 조직의 현재와 미래를 단적으로 보여 주고 있기 때문이다. 나아가서 적어도 그렇게 되었으면 하는 방향성이 뚜렷하게 드러나기 때문이다.

그런 점에서 표어나 구호의 궁극적 목적은 계몽일 것이다. 현대

이미지로 읽는 중화인민공화국

사회에서 계몽의 효과로 볼 때 대중매체를 통하는 것이 가장 강력할 것이다. 하지만 중국에서 그 모든 것들은 여전히 플래카드나 게시판의 역할보다 못하다고 여겨지고 있는 것처럼 보인다. 일찍이 철학자 발터 벤야민은 까다로운 책보다 공동체 안에서 영향력을 행사하기에 더 적합한 형식들, 예컨대 전단·팸플릿·잡지 기사·포스터 등과 같은 형식들이 개발되어야 한다[1]고 했다.

하지만 텔레비전을 비롯한 대중 매체가 횡행하는 요즈음 상황을 알고 난 다음 벤야민은 또 어떻게 말할 것인가? 중국에서 대중 매체를 통한 계몽은 눈에 크게 띄지 않고 있다. 그 대신 도시 곳곳에 표어나 플래카드를 배치하고 있다. 그 내용은 도시 공동체를 훼손 할 수 있는, 그리고 '인민'에 의해서 저질러 질 수 있는 모든 시도들에 대한 경고가 총출동하고 있는 것이다.

현재 중국의 도시에는 게시판이나 플래카드의 개체수가 너무 많아 어떻게 보면 표어로 형상화되지 않는 것은 지키지 않아도 되는 것처럼 보인다. 인간에 의해 저질러질 수 있는 모든 나쁜 일에 대해 하나하나 경고하고 있으니까 말이다. 추상적인 것부터 구체적인 것까지, 또 거대 담론부터 복장 단정을 요구하는 꼼꼼한 지적까지를 살펴보노라면 이제 계몽을 뛰어넘어 인간 구속까지 염두에 두고 있다는 의심이 드는 것도 사실이다.

그럼에도 불구하고 한 발 뒤로 물러나서 표어를 천천히 읽어 보고 그 배경을 곰곰이 생각해 보면 그 절실함에 어느 정도 공감하지 않을 수 없다. 사람이 많으면 많을수록 규제할 것도 홍보할 것도 많으니까 말이다. 사연도 한도 많은 중화인민공화국은 이렇게 표어로 말한다.

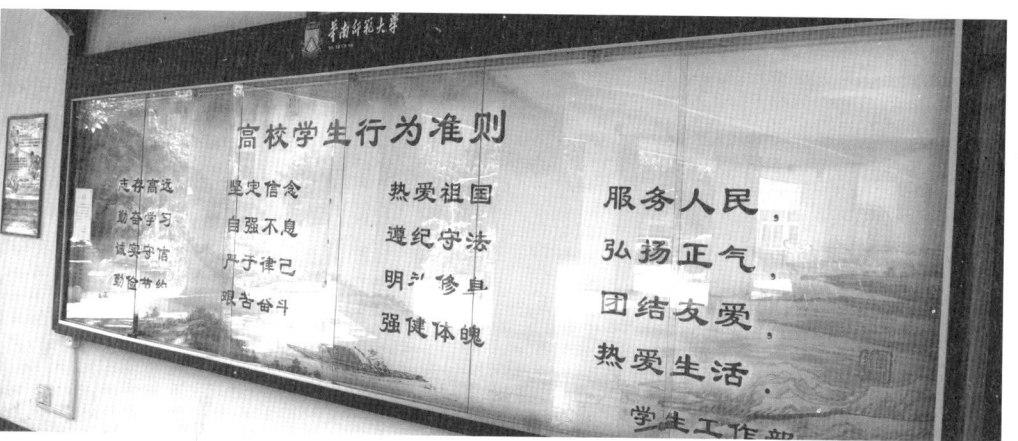

적어도 중국에서는 당과 정부가 '인민'을 위해 끊임없이 봉사하고 있다는 사실을 플래카드나 게시판 보다 더 잘 보여주는 것은 없는 것처럼 보인다. 대학이야말로 국가 미래의 동량을 양성하는 상아탑이니만큼 중점 홍보 대상이 될 수밖에 없다. 플래카드 내용은 "고등학부 학생 행위준칙"(광저우)

● 모범 대학생

2008년 12월 광동성의 수도 광저우廣州의 어느 대학교 학생 식당 안이었다. 들어서자마자 기둥에 2007년 개최되었던 17차 공산당 대회의 핵심 내용이라는 제목 하에 원대한 이상 · 확고한 신념 · 고상한 품성 · 강인한 의지 · 원대한 시야 · 풍부한 지식 · 진취적 정신 · 창조적 노력이라는 글귀가 보였다. 알다시피 매 5년마다 열리는 공산당 대회는 국가 지도자의 인선과 정부의 방향을 결정하는 가장 중요한 정치 시스템이다. 따라서 세계 각국 정부는 물론 국내외 언론은 당 대회가 개최되기 전부터 모든 안테나를 총동원하여 당 대회의 방향을 예견하고 분석하는 것이다. 보름 동안 진행되는 회의의 결과는 앞으로 5년 동안 거대 중국을 인도하는 이정표이자 잣대가 되기 때문이다.

공산당 대회가 끝나고 나면 당 조직은 물론이고, 중국 내 모든 행정조직은 당 대회 정신의 홍보에 총력을 기울인다. 당연히 그 중심에는 당원들이 위치하는데, 당원들은 당 대회 정신을 달달 외울 정도로 숙지해야 하고, 그것의 구현을 위하여 분투노력해야 한다.

이미지로 읽는 중화인민공화국

그와 동시에 당과 행정조직의 일선에서는 공공장소의 게시판이나 플래카드를 통해 그 대회 정신을 선양하는 것은 물론이다.

적어도 중국에서는 당과 정부가 '인민'을 위해 끊임없이 봉사하고 있다는 사실을 플래카드나 게시판 보다 더 잘 보여주는 것은 없는 것처럼 보인다. 대학이야말로 국가 미래의 동량을 양성하는 상아탑이니만큼 중점 홍보 대상이 될 수밖에 없다. 하여 당 대회의 핵심 내용을 거의 모든 대학생들이 매끼니 식사하는 식당에 게시한 것이다. 그 뿐만 아니라 대학 본부 앞에는 큰 글씨로 그것에 대한 더욱 자세한 풀이가 게시되어 있다.

대학생 행위준칙

① 원대한 포부

② 굳은 신념

③ 조국 사랑

④ 인민을 위한 복무

⑤ 학습 근면

⑥ 자강불식

⑦ 규정 준수

⑧ 바른 기풍

⑨ 철저한 신용

⑩ 엄격한 자기 관리

⑪ 예의범절

⑫ 단결 우애

⑬ 근검 절약

⑭ 분투 정신

⑮ 건강한 신체

⑯ 생활 열애

그야말로 미래의 국가 동량인 청년들에게 필요한 좋은 말은 다 써놓았다. 너무나 당연한 공자 말씀이라 대학생들에게 하나마나한 말씀으로 치부될까 그것이 두려울 뿐이다. 표어의 기능을 어떤 특정한 생각에 대한 공유와 확산으로 본다면, 저 표어는 실패작이 분명하다. 너무나 일반적인 미사여구의 나열에 지나지 않기 때문이다.

일찍이 1915년 9월, 『신청년』 창간호에서 신문화운동의 선구자 천두슈陳獨秀는 당시 중국인 열 명 중 다섯 명은 연령은 청년이지만 육체는 노인이고, 열 명 중 아홉 명은 연령이나 육체가 모두 청년이지만 정신은 노인이라고 분통을 터뜨린 적이 있다. 그리고 자유적 · 진보적 · 진취적 · 세계적 · 실리적 · 과학적인 청년상을 요구한 바 있다. 대학생의 행위 준칙이나 17차 당 대회의 핵심을 보면 1백여 년 전의 구호와 크게 다르지 않다는 것을 알 수 있다. 왜 똑같은 구호가 1백 년 동안 지속되고 있는 걸까? 아니 지속적으로 홍보되어야 하는 걸까?

● 량치차오의 사자후

한편, 열두 살에 수재秀才에 합격하고, 열일곱 살에 거인擧人에 합격한 진짜 수재 량치차오梁啓超는 그야말로 산전수전을 골고루 치르고서 1919년부터 베이징의 대학에서 강의를 했다. 문 밖에는 강의실에 다 입장하지 못한 학생들이 창문 넘어 강의하는 모습이라도 지켜보고자 발뒤꿈치를 높이 들고 있었다. 그가 강의할 때의 정경은 지금도 인구에 회자되고 있을 정도로 그의 강의는 학생들의 인기를 끌었다. 학자 · 정치가 · 사상가 어느 하나의 수식어로는 담아낼 수 없는 개인사의 소유자인 그는 신문화운동의 주도 세력인 대학생들을 향하여 사자후를 토했다. 그는 무엇을 토로했던 것이고,

표어의 기능을 어떤 특정한 생각에 대한 공유와 확산으로 본다면, 저 표어는 실패작이 분명하다. 너무나 일반적인 미사여구의 나열에 지나지 않기 때문이다. 플래카드의 내용은 "문명적인 시험, 공평한 경쟁, 바른 시험 분위기, 엄숙한 규율, 수준평가"(광저우 화난華南사범대학)

대학생들은 무엇을 듣기를 원했던 것일까?

그 정답은 량치차오의 필명에 나와 있다. 그가 사용했던 필명은 애시객哀時客, 음빙자飮氷子, 음빙실주인飮氷室主人, 신민자新民子, 중국지신민中國之新民, 자유재주인自由齋主人, 소년중국지소년少年中國之少年 등이다. 이러한 필명을 보고 량치차오라는 인물의 삶에 대하여 혹자는 대략적으로 혹자는 확신에 찬 모습으로 고개를 끄덕이게 될 것이다. 우선 애시객은 직역하면 시時를 슬퍼하는哀 손님客이니, 시대의 흐름에 아파하는 사람이다. 음빙자나 음빙실주인은 직역하면 얼음氷을 마시는 사람飮이라는 뜻이니 대충 의미가 전달이 되지만, 사전에 나오는 뜻은 몹시 당황하고 초조해하거나 나라를 위하여 노심초사하는 모습이다.

신민자, 중국지신민, 소년중국지소년은 사족조차 필요 없을 정

도로 그 뜻이 분명하게 다가온다. 그는 중국에 있어 새로운 사람이
되고 싶었고, '소년 중국의 소년'이 되고 싶었던 것이다. 이제 그가
나라와 시대를 걱정하는 사람이라는 것을 알았다. 또 그것을 숙명
으로 생각하고 있으며 새로운 중국을 위해서 노력하는 사람이었겠
다는 짐작을 할 수 있다.

　나라가 풍전등화의 위기에 놓였던 1백 년 전의 상황으로 볼 때,
청년의 진취적인 기상은 국가 백년대계를 위한 최우선적 과제였
다. 그 절박했던 시절의 구호가 1백 년이 지난 지금까지도 여전히
게시되어 있는 것은 지금의 국가적 상황도 당시와 크게 다르지 않
다는 말이다. 또 5·4신문화운동의 정신은 민주와 과학으로 집약
되는데, 중국에서 그 정신이 여전히 부족하다는 말이다.

교내 곳곳에 게시되고 있는 각종 규정
과 규범은 대학생들에게 어떤 영향을 줄
까! 규정과 규범의 홍수 속에서 교육되
고 양육되는 중국 대학생들의 의식구조
는 어떤 것일까! "문명 식사는 대학생의
양호한 자질의 체현이다."에 이은 5개
의 조항(광저우)

이미지로 읽는 중화인민공화국

건국 60주년을 맞이하는 베이징의 중심가 왕푸징王府井의 표정. "국경일을 환영하고, 문명을 중시하고, 신풍을 수립하자"(베이징)

● 규범의 홍수

각종 구호들을 바라보면서 머리 한 쪽에 걱정스런 생각이 드는 것은 임지현의 경고가 떠올라서 일 것이다. 즉 역사학자 임지현은 학생들이 교실내의 일상적 생활 속에서 은연중에 특정한 사회적 규범을 배우게 되는데, 그 규범을 거부하는 학생들은 문제아 · 학습 지진아 등의 이름으로 배제된다고 경고했다.[2] 교내 곳곳에 게시되고 있는 각종 규정과 규범은 대학생들에게 어떤 영향을 줄까! 규정과 규범의 홍수 속에서 교육되고 양육되는 중국 대학생들의 의식구조는 어떤 것일까! 우리 교육과 마찬가지로 정형화된 틀에 가두어버리는 과정은 아닐까! 그래서 가장 젊은이다운 상상력 즉, 기존의 각종 사회적 제약으로부터 자유로운 상상력은 규범의 홍수 속에 묻혀 버리는 것은 아닌지 걱정된다.

아무튼 대명천지에 1백 년 전의 구호가 여전히 횡행하는 곳이 바로 중국이다. 그것에 비하면 그 식당 입구에 마음먹고 세워놓은

중국의 표어에서 중국인이 아닌 우리 한국인의 눈에 가장 특이한 점은 이 가게의 경우와 마찬가지로 '문명'이라는 어휘이다. "문명 기치를 전승하고 질서 있는 ○○을 느끼자."(베이징)

입간판의 내용은 그래도 훨씬 더 진지하게 다가온다. 우선 큰 글씨로 쓴 제목은 '문명 식사는 대학생의 양호한 자질의 체현'이다. 이어서 '식사 규칙'이라고 쓴 중간 크기의 글자가 보이고 5개 조항이 이어진다.

① 근검절약 - 음식과 물 전기 아끼기
② 정시 식사 - 상호 양보
③ 남은 음식 스스로 정리하기
④ 식후 식기 스스로 처리하기
⑤ 단체 우선 - 관리 복종 - 문명식당 창조

그런데 식당에서 학생들을 지켜보면 이미 5개 조항의 식사 규정을 아주 잘 지키고 있음을 알 수 있다. 중국의 대학생들은 근검절약하고, 정시에 식사를 하고, 식사 후에도 정리를 잘 했고, 각종 음

暨南大学安全文明公约

爱国爱校，团结奋进。　忠信笃敬，暨南精神。
关心集体，服务人民。　艰苦奋斗，务实创新。
遵纪守法，维护安定。　自尊自爱，公德遵行。
崇尚科学，破除迷信。　团结互助，敦睦为邻。
美化环境，健康身心。　同居一地，安全文明。

"지난대학 안전 문명 공약"이라는 제목으로 교문 옆에 큰 입간판이 서 있다. (광저우)

식을 주문할 때 질서를 잘 유지했다. 그럼에도 불구하고 잘 해달라고 여전히 식당 입구의 좋은 자리를 차지하고 있는 입간판은 이상하다. 그렇게 본다면 중국에서 표어는 무지몽매에 대한 계몽의 완성과 반드시 관련이 있는 것은 아니다.

중국의 표어에서 중국인이 아닌 우리 한국인의 눈에 가장 특이한 점은 이 식당의 경우와 마찬가지로 '문명文明'이라는 어휘이다. 웬만한 표어의 마지막 결론은 항상 이렇게 문명을 창조하자는 것으로 모아진다. 모든 표어의 궁극적 목적이 문명이라는 말이다. 문명 표어는 도시 공간 곳곳에서 어마어마한 크기의 단독 게시판으로 등장하고 있다. 흑룡강성의 수도인 하얼빈哈爾濱시내 한복판을 뜬금없이 차지하고 있는 '문명 도시를 창건하고, 하얼빈 정신을 떨치자'는 모습처럼 말이다.

그리고 2008년 베이징 올림픽을 전후하여 '문명 베이징, 진입

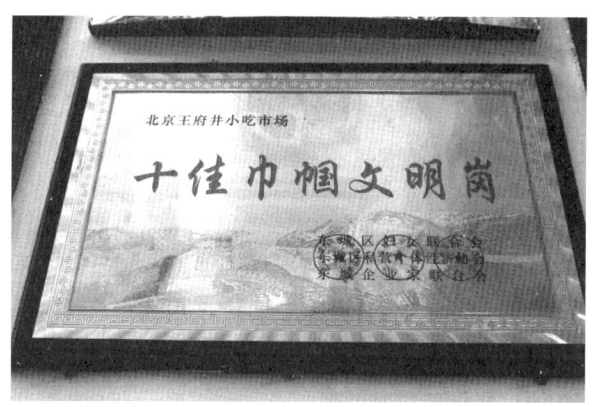

"베이징 왕푸징王府井 간식
시장 10대 부녀자 문명 단
위"(베이징)

각종 칭호가 수여된 학교
"베이징 해전구 교육계통
2006년도 안전보장업무
선진 단위"(베이징)

각종 칭호가 수여된 학교
"베이징 해전구 정신 문명
건설 위원회 문명 단위"
(베이징)

각종 칭호가 수여된 학교 정문의 전체모습 "선진학교, 선진단체, 시범학교, 우수학교 등"(베이징)

올림픽'이라는 표어가 베이징 전체를 뒤덮고 있었던 것처럼 말이다. 올림픽이 끝난 지 1년이 지난 요즈음에는 '올림픽 정신 이어받아, 문명 ○○구를 건설하자'는 표어가 그것을 대신하고 있다. 앞서 언급한 그 대학 식당에서 나와서 근처 다른 대학으로 가본다. 바로 교문 옆에 큰 입간판이 서있다. 안전 문명 공약이라는 제목으로 아래와 같은 내용을 명시하고 있다.

① 애국애교 정신으로 단결전진하자.
② 지난(暨南) 정신을 믿고 따르자.
③ 단체정신으로 인민을 위해 복무하자.
④ 분투노력하여 창조하자.
⑤ 기율 준수로 안정을 유지하자.

중국에서 사용하고 있는 문명에 대한 더욱 적극적인 해석 방법으로 사회진화론의 입장이 타당할 듯하다.
"광동성 문명지역", "광동성 그린지역"(광저우)

⑥ 자중 자애하여 공중도덕 수행하자.

⑦ 과학을 숭상하고 미신을 타파하자.

⑧ 상부상조하여 이웃과 화목하자.

⑨ 환경 미화하여 심신을 건강하게 하자.

⑩ 함께 하는 것이 안전한 문명을 보장한다.

● 문명의 의미

이 공약도 문명으로 끝을 맺고 있는데, 이때쯤 문명의 정의에 대
한 의문이 슬그머니 고개를 들게 된다. 우리가 중학교 사회 시간에
배우던 문화와 차이를 둔 그 문명은 분명히 아닌 듯싶기 때문이다.
네이버 사전에서 문명을 찾아보니 중국에서 사용하고 있는 문명이
라는 단어의 의미가 분명하게 다가온다. 두 가지 입장이 있단다. 그
하나는 우리가 다 알다시피 문화와 대치되는 그것이고, 다른 하나
는 문화의 특수한 형태로서 파악되는 것이란다. 그러니까 인류의

이미지로 읽는 중화인민공화국

"중앙 국가 기관 문명 단위"(베이징)

정신적이고 가치 있는 소산을 문화로, 물질적·기술적 소산을 문
명으로 구분하는 것이 통속적 구분법이다. 그런데 2차 세계대전 후
문화인류학의 보급으로 복합문화를 큰 단위로서 파악한 총체를 문
명이라고 한다는 것이다.

그에 앞서 18세기 몽테스키외와 루소 등의 백과전서파는 문명
을 야만과 대치시키지 않고, 봉건제·군주제와 대치시켜 문명이라
는 말 속에 봉건사회와 시민사회로의 진보라는 뜻과 계몽을 포함
시켰다고 한다. 중국에서 사용하고 있는 문명에 대한 더욱 적극적
인 해석 방법으로 사회진화론의 입장이 타당할 듯하다. 19세기에
루이스 모건 등의 학자들이 야만·미개·문명이라고 하는 단계적
구분을 제시했기 때문이다. 아래 계속되는 중국 대도시의 문명 표
어를 보면 그 이유는 명백해진다.

물론 우리나라에서도 문명이라는 단어를 드물지 않게 사용하고
있다. 가령 미국의 소 도축 방식에 대해 우리는 문명국가에서 비문
명적으로 도축하고 있다는 말을 자주 쓰고 있다. 또 어떤 나라의

지하철, 백화점, 사람들이 모이는 어느 곳에서나 이런 플래카드가 눈에 띈다.
"전국 문명 도시를 창건하자."(광저우)

거리 구석구석에서 눈에 들어오는 문명 표어를 보고 있노라면, 중국의 문명 개념은 자연스럽게 이해된다.
"전국 문명 단위"(광저우)

도시 곳곳에 문명을 강조하는 거대 간판이 빠지지 않는다. "문명 시민이 되어 문명 도시를 만들자." (광저우)

그 무엇을 비판 할 때 문명국가에서 비문명적인 행동을 하고 있다고 한다. 우리도 문명의 두 가지 의미를 포괄적으로 사용하고 있음을 알 수 있다.

거리 구석구석에서 눈에 들어오는 문명 표어를 보고 있노라면, 중국의 문명 개념은 자연스럽게 이해된다. 예절바르게 행동하고 남에게 해를 끼치지 말자는 것이다. 상술한 예로 볼 때, 문명이라는 중국어를 우리말로 굳이 옮기자면 예절이나 모범이라고 해야 할 것이다. 우리 모두 예절 바르게 모범적인 행동을 하자는 것이다. 모범을 유도하기 위한 가장 좋은 방법 중의 하나가 모범상을 수여하는 것이다. 따라서 문명 행위를 잘 지키는 대상에게는 문명 칭호가 수여된다. 모범적인 학교와 식당 입구에는 '문명 단위' '선진 단위' 간판이 눈에 들어오는 위치에 부착되고, 교회나 절 등의 종교기관에도 '문명 종교 활동장소'라는 간판이 붙게 되는 것이다.

광저우시 ○○구 도시 문명 창
건 연석회의가 제시하고 있는
'시민 문명 행위 여섯 가지 하기
와 여섯 가지 안하기'

"사람마다 문명 예의, 사람마다 규정 준수"(광저우 버스
정류장)

"문명어를 사용하고, 문명의 길로 가고, 문명인이 되고, 문명
도시를 창건하자."(광저우)

이미지로 읽는 중화인민공화국

2. 문명 도시

이제 대학 밖으로 나가보자.

광저우 시내 곳곳에는 '전국적인 문명 도시를 창건하자'는 플래카드와 게시판이 거리를 뒤덮고 있다. 어떤 것은 구체적인 행동 수칙까지 자상하게 제시하고 있다. 광저우시 ○○구 도시 문명 창건 연석회의가 제시하고 있는 '시민 문명 행위 여섯 가지 하기와 여섯 가지 안하기'는 이렇다.

① 문명 단위, 문명 가정, 문명 시민이 되자.
② 시 환경 위생 관리 규정을 엄격하게 준수하자.
③ 개인과 실내외 위생 관리를 잘하자.
④ 공공시설을 애호하자.
⑤ 4해(모기·파리·바퀴벌레·쥐)를 적극적으로 구제하자.
⑥ 화초와 수목을 많이 심어 환경을 미화하자.

① 함부로 뱉거나 버리지 말자(침 뱉기, 과일 쓰레기·휴지·담배꽁초·죽은 동물과 기타 쓰레기 버리지 말기).
② 함부로 버리거나 쌓아놓지 말자(쓰레기·연탄·오수·변 버리지 말고, 공공장소에 물건 쌓지 말자).
③ 함부로 팔지 말고, 자동차 주차 함부로 하지 말자.
④ 함부로 짓지 말고, 부착하지 말자.
⑤ 시내에서 돼지·양·개·닭·오리·거위를 기르지 말자.
⑥ 화초와 수목을 훼손하지 말자.

그러니까 상술한 시민 문명 행위는 사회진화론의 입장에서 사회를 진화시키자는 것이다. 사회진화론은 사회가 미개한 단계와

"집 앞 관리 책임제 성공 선진 단위"(광저우)

"광저우시 문명 공약"(광저우)

문명적인 단계 등이 있다는 가정 하에 출발하는 인식이다. 그리고 노력하면 사회도 역사도 진화한다는 확고부동한 의식이 뒷받침되고 있다는 증거가 된다. 즉 중국 사회가 문명을 향해 나아가야 하는 비문명적인 단계에 처해 있다는 비장한 판단을 내린 것이다.

나열하고 있는 사항 모두가 도시라는 공간 속에서 개인이 지켜야하는 공중도덕이다. 급격한 도시화를 따라가지 못하는 도시인이 그만큼 많다는 반증이다. 많은 사람들이 좁은 공간에서 살아야 할 경우, 지켜야 할 도덕과 규범은 그만큼 많아지는 법이다. 그들 대다수가 자나 깨나 그 무엇을 준수해야 하고 애호해야하고, 그 무엇을 하지 말아야 하는 도시인의 굴욕을 아직까지 인식하지 못하고 있다는 것이다. 따라서 '문명 만들기는 나부터'라는 표어가 연속적으로 등장하는 것은 당연하다. 나부터 문명어를 사용하고 문명인이 되면, 문명사회는 반드시 오고야 만다는 발상은 처절하기까지 하다.

● 문명어 · 문명인 · 문명사회

'문명어를 사용하고, 문명의 길로 가고, 문명인이 되고, 문명 도시를 창건하자' 그것으로 미진했던지 아래에 영어로 풀이를 해두었다. To use a right diction, to take the civilized way. To act a civilized behavior, to creat the harmonious society. 번역하면 '바른 말씨를 사용하고, 예절 바른 방식을 취하자, 예절 바른 행동을 하고, 조화로운 사회를 창조하자'가 될 것이다.

'시민 10불(不) 행위규범'
① 함부로 버리지 않고 뱉지 않는다.
② 함부로 길을 건너지 않는다.
③ 함부로 부착하지 않는다.

"문명 외출 - 오른쪽으로 서고, 왼쪽은 다닐 수 있게, 타인의 통행을 편리하게"(광저우 지하철)

④ 함부로 주정차하지 않는다.

⑤ 함부로 노점 판매를 하지 않는다.

⑥ 함부로 쌓거나 덮지 않는다.

⑦ 폭언을 하지 않는다.

⑧ 녹화를 훼손하지 않는다.

⑨ 공공기물을 파손하지 않는다.

⑩ 하천을 오염시키지 않는다.

　철학자 박건미는 이른바 현대 사회에 자주 등장하는 규율에 대해 이렇게 정의한 적이 있다. "규율은 정상적이고 건강하고 온순하고 능력 있는, 즉 기준에 맞고 쓸모 있는 개인을 창조한다. 이때의 개인은 스스로가 자신의 기준을 만들어내는 '주체'가 아니다.…… 이렇게 권력이 완성되면 자유롭기를 꿈꾸는 것은 불가능하다."[3] 보이지 않는 권력은 기준에 맞는 인간을 요구한다. 도시인들은 도시에 거주하는 자격을 얻는 대신에 개인의 고유한 자유를 조금씩

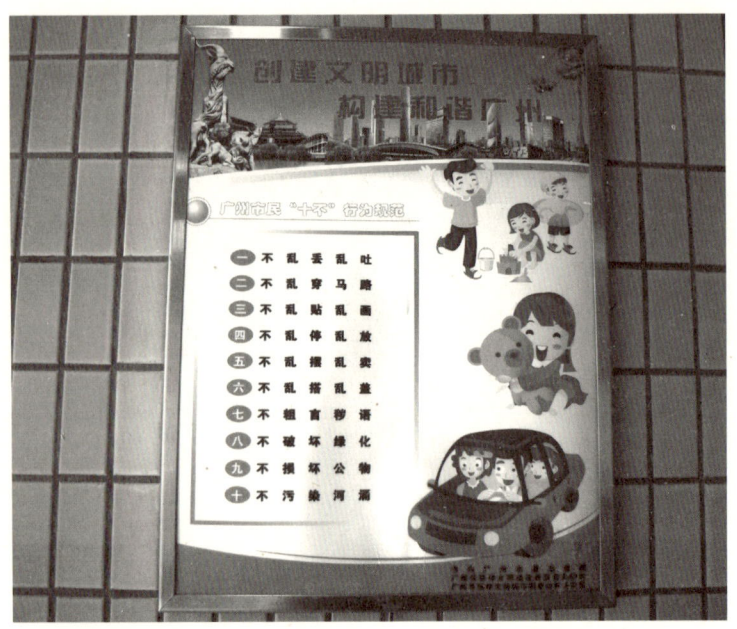

인간의 행동이 그렇게 유도되어야 한다는 의미에서 본다면 표어나 구호가 있는 곳에 인간의 자유는 없는 것이다. "문명 도시를 창건하고, 조화 광저우를 건설하자 - 광저우 시민 10가지 안하기 행동규범"(광저우)

반납해야 하는 것이다. 현대 사회에서 개인은 규제되고 통제되면서 소위 문명화 되는 과정으로 들어서고 있다.

인간의 행동이 그렇게 유도되어야 한다는 의미에서 본다면 표어나 구호가 있는 곳에 인간의 자유는 없는 것이다. 다시 말하면 표어나 구호야말로 너희들이 지켜야 할 절대 진리이니 이것 외에는 달리 방법이 없다는 경고가 된다. 그래서 더이상의 출구가 없는 마지막 결론으로 포장되어 인간에게 강요되는 것이다. 즉 저들에 의해 설정된 표어나 구호는 나의 동의 없이 내가 지켜야하는 가장 아름다운 잣대로 등장하는 것이다. 문제에 대한 내 생각은 무시될 것이고, 이후 사회는 살벌한 수준의 사상적 통일이 당연하게 받아들여지는 정도로 나아갈 것이다. 이제 나 자신이 속한 조직에서 내가 조금 다른 생각을 할 경우, 나는 저들이 정한 표어나 구호도 이해하지 못하는 인간이 될 수 있다. 나아가서 조직이나 정부를 반대

다시 말하면 표어나 구호야말로 너희들이 지켜야 할 절대 진리이니 이것 외에는 달리 방법이 없다는 경고가 된다. "문명어를 사용하고, 문명의 길로 가고, 문명인이 되고, 문명 도시를 창건하자."(광저우)

하거나 비판할 경우 문명이라는 절대 도덕에 위반하는 자로 제도 권이나 체제 밖으로 내쳐질 수 있다.

동네에 따라 여섯 가지나 열 가지로 묶어서 선양하는 문명 행위 의 내용은 크게 다르지 않다. 이제 구호나 표어의 연속적인 나열은 지루할 때가 되었다. 그림이나 사진 한 장이 역사를 바꾸는 법이다. 무지몽매에 대한 계몽을 위해 그림이 빠질 수는 없다. 글자를 그냥 나열하기 보다는 '비문명 행위와 헤어지자'는 표어를 삽화와 함께 보면 문명 행위가 무엇인지 더욱 분명하게 다가온다.

2006년 여름, 광동성 차오저우潮州에서 복건성 샤먼夏門으로 가는 고속도로 휴게소의 게시판은 무시무시한 사진으로 장식되어 있었 다. 각종 교통사고의 사진이었는데, 목이 잘리고 팔다리가 해체된 시체를 그대로 보여 주고 있었다. 교통법규를 지키지 않아서 그렇 게 되었다는 설명과 함께였다. 아래는 ○○구 정신문명 건설위원

이미지로 읽는 중화인민공화국

"문화 광장 관리 규정"(광저우 화난사범대학)

회의 작품이다.

- 공공장소에서 쓰레기는 쓰레기통에

- 야생 동물과 동물원의 동물을 사랑하자. (삽화 : 동물원에서 자신들에게 음식물 쓰레기를 던지는 관람객들을 향하여 원숭이들이 말하고 있다 - 좀 문명스럽게 행동해주세요.)

- 공공장소에서는 걸맞은 복장을 하자. (삽화 : 식당에 잠옷 차림으로 나오는 부부와 놀라는 코 큰 사람들)

- 부부 사이에는 서로 존중하고 이해해야 (삽화 : 특이하게도 여자가 남자를 때리는 모습)

- 대중교통 이용 시 어른을 공경하고 어린이를 보살피자. (삽화 : 자리를 양보하는 모습)

복장 단정을 포함한 각종 계몽

- 환경 위생 주의, 함부로 침을 뱉지 말자.

- 차에서 서로 부딪히면 내가 먼저 미안하다고 하자.

- 대중교통 이용 시, 순서대로 승하차

- 목숨을 소중히, 안전하게 운행하자.

- 수목 애호, 유적과 공공시설을 보호하자. (삽화 : 아이들이 나무에 매달려서 노는 모습)

　이 게시판에서 특별히 우리의 주목을 끄는 것은 식당에 잠옷차림으로 등장하는 부부의 만화로 보충 설명되고 있는 공공장소의 복장 단정을 호소하는 항목이다. 설마 잠옷 입고 대중식당으로 나오는 사람이 있을까 싶지만 중국에서는 슈퍼에서도 동네 골목에서

각종 비문명적 행위에 대한 계몽

도 잠옷 차림을 한 '인민'을 심심치 않게 만날 수 있다. 중국인들이 잠옷을 입고 거리로 나오게 된 이유로 자기 과시 욕구가 그 주범으로 지목되고 있다. 그러니까 나는 잠을 잘 때 너희들이 평상복 입고 자는 것과는 다르게 잠옷을 입고 잔다는 우월의식 때문이라는 분석이 지배적이다.

어떻게 보면 크게 문제가 될 것 같지도 않는데, 비문명적 행위의 범주에 속하는 것으로 계몽의 대상이 된 것이다. 현재까지도 된다 안된다 갑론을박하고 있는 주제이기도 하지만, 남들의 시선을 불편하게 만든다는 점에서는 비문명적인 행동이 되는 모양이다. 2008년 12월 상하이上海 시청이 잠옷을 입고 거리를 활보하는 시민들의 버릇을 고치겠다면서 팔을 걷어붙이고 나섰단다. 중점 계몽 대상으로 선정하였는데, 2010년 5월에 개최되는 상하이 엑스포를 앞두고 움직이는 포석이다. '더 좋은 도시, 더 좋은 삶'이라는 엑스포 표어는 이렇게 상하이 시민을 국제 표준으로 강요하고 있다.

동네 담벼락에 그려진 그림 포스터를 보면 반갑다. "예의를 생활습관으로 만들자."(광저우)

표어나 게시판의 홍보 덕분인지 잘 지켜지고 있어 이제 더 이상 계몽이 필요하지 않는 내용이 많이 있다. 수목이나 화초를 훼손하지 말라는 경고는 안 해도 될 듯 잘 관리되고 있다.

대학 내 광장도 어김없이 규정으로 규정되고 있었다.

문화 광장 관리 규정

① 허가 없이는 일체 차량의 진입을 금지한다.

② 허가 없이는 광장 내에서 집회나 대형 오락 활동을 금지한다.

③ 화초나 수목 등 일체 시설을 애호하자. 훼손하는 자는 배상 또는 원상회복 책임을 묻는다.

④ 광장의 위생과 환경을 애호하자.

⑤ 광장에서 눕거나 비문명적 행위를 하지 말자.

⑥ 광장에서 크게 떠들거나 장난을 치지 말고, 나무나 조각 작품에 올라가지 말자.

공공장소의 관리에 필요한 시설 보호나 환경 보호 등을 나열하고 있다. 그리고 광장에서 가장 흔하게 목격 할 수 있는 떠들거나 장난을 치는 행위에 대한 경고를 했다. 도대체 문화 광장에서 떠드는 행위나 장난치는 것까지 통제의 대상이 된다면 중국 대학생들은 너무 불쌍한 것 아닌가!

이 게시판 내용의 특징은 공공장소 관리에 필요한 모든 조항을 따로 적시하고 나서 따로 비문명적 행위를 하지 말자고 한 것이다. 광장에서 눕거나 비문명적인 행동을 하지 말자는 조항은 비문명적인 그 어떤 행위를 눕는다는 것과 병렬시켜 금지하는 것임을 눈치채게 만든다. 비문명적인 행위는 그렇다 치더라도 눕는 것을 금지

공공장소의 관리에 필요한 시설 보호나 환경 보호 등을 나열하고 있다. "애완견의 '유물'을 남기지 않도록 합시다."

"미안합니다'라고 하는 것은 영원히 지나침이 없다."

시키는 광장도 있다는 것이 특이하다.

　이곳은 대학 내의 이른바 문화 광장인데, 저들이 꿈꾸는 문화 공장의 모습은 어떤 것일까? 이미 차량이 올라갈 수 없는 건축학적 공간임에도, 허가 없는 차량 진입 금지는 무엇인가! 허가 없는 집회를 금지한다고 했다. 허가 없는 오락 활동을 금지한다고 했다. 대학의 광장은 학생들이 그저 떠들고 마냥 소통하는 해방의 공간이 될 수는 없는 것일까! 때로는 준비되지 않는 행위가 편하게 연출되고, 그저 이런 저런 모임이 자유롭게 열리는 곳은 될 수 없는가? 대학 내 광장의 문화까지도 도식적이고 형식적이고 제도적이야만 하는가 말이다.

　인간의 모든 행위는 허가를 거치는 과정에서 여과되고 도식화되기에, 원래 계획에서 저만치 벗어나게 된다. 더 정확하게 말하자면 허가를 거쳐서 나오는 행위는 더 이상 내가 원래 계획했던 행위일 수는 없다. 말하자면 지금 중국의 대학생들은 허가를 통해서 양육되고 재단되고 있는 것이다.

　내가 게시판을 촬영하고 있는 그 순간에도 광장 곳곳에서 많은 남녀커플이 이른바 '비문명적인' 장면을 연출하고 있었다. 그러니까 게시판의 과잉으로 평범한 계몽은 누구의 주목도 끌 수 없는 지경에 와있는 것이다. 그것도 권장 사항인 차원의 계몽은 더 이상 효과를 발휘할 수 없는 모양이다. 그것이 다시 표어와 플래카드를 부르는 악순환이 계속되는 이유중의 하나일 것이다.

　때로는 무엇을 하지말자는 구호보다는 무엇을 어떻게 하자는 말이 눈에 쏙 들어오는 법이다. 하나 정도의 간판은 긍정적인 것도 괜찮다. 그래서 동네 담벼락에 그려진 '예의를 생활습관으로 만들자'는 포스터를 보면 반갑다.

　－ 알아서 줄을 서는 것은 양호한 소양의 체현이다.

"도움을 청할때는 '부탁합니다'라는 말이 천금의 가치가 있다."

"알아서 줄을 서는 것은 양호한 소양의 체현이다."

- 도움을 청할 때는 '부탁합니다請'라는 말이 천금의 가치가 있다.

- 어려움에 처한 이웃을 기꺼이 돕자.

- 교통법규를 준수하자. 빨강은 정지, 파랑은 진행이다.

- 손가락으로 함부로 다른 사람을 가리키는 것은 예의가 없는 행위이다.

- '미안합니다'라고 하는 것은 영원히 지나침이 없다.

- 공공장소에서 애완동물을 잘 관리하자.

- 에스컬레이터에서는 우측에 서서 좌측통행이 가능하게 하자.

    이 게시판에서 권장하는 내용으로 볼 때, 중국의 도시에서는 아직도 알아서 줄을 서지도 않고, 어려움에 처한 이웃을 기꺼이 돕지도 않고, 교통법규도 준수하지 않고, 손가락으로 다른 사람을 가리키고, 애완동물을 잘 관리하지 못하고, 에스컬레이터에서는 좌측을 비워두지 않는다. 또 '부탁합니다'나 '미안합니다'와 같은 상대방을 배려하는 공손한 화법이 정착되지 못했나보다. 모두가 도시에서 살아가기 위한 '문명인'이 갖추어야 할 기본적인 소양인데도 말이다.

그림이나 사진 한 장이 역사를 바꾸는 법이다. 무지몽매에 대한 계몽을 위해 그림이 빠질 수는 없다.
"우리 모두 비문명 행위와 헤어지자."(광저우)

이미지로 읽는 중화인민공화국

3. 조화 사회

　　2009년 9월 현재, 베이징의 지하철 런민대학人民大學역에서 중관촌中關村으로 가는 대로의 육교에 '민주 문명, 조화 사회, 사회주의 국가', '문명 시민, 환경 미화, 조화 사회'라고 적힌 플래카드가 걸려 있다. 현재 공산당 총서기이자 국가 주석인 후진타오胡錦濤의 정치 이념은 성장과 분배의 균형정책이라고 할 수 있는 '조화和諧'이다. 2004년부터 홍보되기 시작했다. 전임 장쩌민江澤民의 3개 대표이론에서 더욱 발전된 개념인데, 당연히 조화이론을 내세울 때는 3개 대표이론이 앞장서고 있다. 우리나라에서 대통령이 바뀔 때 마다 '참여 정부'이니 '실용 정부'이니 하면서 자기 정부의 정체성이나 국정 방향을 적시 하듯이, 중국 역시 공산당 총서기라는 국가 최고 지도자의 철학을 한 단어로 압축해서 표현하는 것이다. 따라서 중

문명과 조화 두개의 화두가 함께 등장하는 경우가 많다. "문명 도시를 만들고, 조화 ○○을 건설하자." (광저우)

공원 입구부터 표어가 어김없이 등장한다. "과학 발전 견지하여, 함께 조화 공원을 만들자." (광저우)

국에서 문명이라는 지고지순한 과제는 목전 최고 권력자의 정치
철학인 조화와의 발전적인 만남을 피할 수 없다. '문명과 조화는 모
두에게 달려 있다'는 큰 제목의 게시판에는 다음과 같은 내용이 자
상한 어조로 적혀있다.

　사실 문명은 우리와 그렇게 멀리 있는 것이 아니다. 늘 조금 차이가 있
을 뿐이다. 그것은 쓰레기를 함부로 버리지 않는 것이고, 함부로 침을 뱉
지 않아서, 깨끗하고 위생적인 환경에 거주하는 것이다. 그것은 우리 스
스로 공중도덕을 준수하고, 스스로 줄을 서고, 공공장소에서 담배를 피
우거나 큰 소리로 떠들지 않아, 그래서 조화롭고 따뜻한 공공 공간을 만
드는 것이다. 또 그것은 우리의 생활 중에서 비문명적인 행위를 고치는
것이자, 공공장소에서의 행동을 조심하게 만드는 것이다. 그래서 건강
지향의 사회 기풍을 만드는 것이다. 그것은 교통질서를 지키는 것이고,
함부로 도로를 횡단하지 않는 것이고, 예절 바르게 행동하는 것이다. 그

"조화 광저우, 조화 세계"

래서 안전하고 고효율의 교통질서를 세우는 것이다.

행동 합시다. 나부터, 내 주위부터, 작은 일부터, 다투어 문명인이 되어, 다 같이 문명 도시를 건설합시다.

그 옆에도 역시 보는 이의 이해를 돕기 위해 몇 개의 그림이 만화식으로 그려져 있다. 집안에서 텔레비전을 볼 때, 소리를 작게 하여 이웃 사람들의 휴식을 방해하지 말도록 해야 한다, 이웃집 사람들에게 인사를 잘하자, 비행기에서는 빨간색으로 표시된 버튼을 함부로 만지지 말자는 설명까지도 등장한다.

지하철 객차 문에는 탈 때는 양쪽에서 기다리고, 내릴 때는 가운데로 신속하게 "질서 있게 기다리고, 먼저 내리고 나중에 타는 문명을 중시하자"는 표어가 객차 내외에 선명하다. 그럼에도 불구하고 열차가 도착하는 즉시 내리는 사람과 타는 사람이 뒤엉킨다.

예절 바르게 행동해서 안전하고 고효율의 교통질서를 세우는 것이다. "탈 때는 양쪽에서 기다리고, 내릴 때는 중간으로 빠르게. 질서있게 열차를 기다리고, 먼저 내리고 나중에 타는 문명" "문명스럽게 지하철을 타자."(광저우)

　　문명을 향해 가자는 수많은 표어에도 불구하고, 중국에서 도대체 왜 그렇게 많은 사람들이 함부로 버리고 뱉는지 그 이유가 궁금해진다. 하지만 중국인들 스스로도 속 시원한 답을 내놓지는 못한다. 그러니까 누구는 수천 년 동안 누적되어 온 뿌리 깊은 봉건적 잔재라는 것이고, 누구는 구호와 사상 제일주의만이 난무하던 사회주의 또는 문화대혁명의 적폐라고 분석한다. 또 누구는 그동안 가난해서 예의를 배울 겨를이 없었다는 것이다. 그리고 마지막으로 인구가 너무 많아서 그렇다는 진단도 빠지지 않는다. 하지만 갑론을박하다가 마지막에는 대부분 의식이 족해야 예절을 안다는 공자 말씀으로 결론을 맺는 것이다.

　　2008년 11월 현재, 댐의 필요성에 대해 말도 많았고 탈도 많았던 장강 삼협댐 앞에 있는 화려한 게시판의 문명 공약은 '비문명적'으로 남발되고 있는 계몽의 현실을 엿보게 해준다. '국내 관광

　　　　　　　　　　　　　　　　　　　　이미지로 읽는 중화인민공화국

화려한 게시판의 문명 공약은 '비문명적'으로 남발되고 있는 계몽의 현실을 엿보게 해준다. "중국 국민 국내 여행 문명 행위 공약, 사회주의 영욕관, 국민 기본 도덕 규범"(장강 삼협댐)

문명 행위 공약'이라는 제목아래 문명적이고 조화로운 관광 환경 조성은 모든 관광객의 이익에 직결된다는 설명이 뒤따른다. 그리고 흔히 접하는 위생환경부터 공공질서 · 자연 보호 · 유적 보호 · 봉건적 미신 활동 배척 · 매춘 도박 마약을 거절 하자는 항목 외에도 호텔 객실의 용품을 아끼자는 것이나 외국인에게 사진 촬영을 강요하지 말자는 것과 심지어 타인을 향해서 재채기를 하지 말자는 내용이 있다.

● 현대판 사기 행태

반면에 사람들이 붐비는 시장 통에 서있는 사기꾼을 조심하자는 내용의 게시판은 중국에서 사기가 매우 보편적인 사회 현상의 하나임을 알게 해준다. 그래서 그 같은 사기를 시도 하고자하는 주체나 사기를 피하고 싶은 객체에게 적지 않은 도움을 줄 것 같다.

사람들이 붐비는 시장 통에 서있는 사기꾼을 조심하자는 내용의 게시판은 중국에서 사기가 매우 보편적인 사회 현상의 하나임을 알게 해준다. "○○○지역 경찰이 알려드립니다."(광저우)

경찰이 가르쳐 주는 사기꾼 알아보는 법

① 식당에서 잠깐 이용한다면서 핸드폰이나 컴퓨터를 빌려 가지고 달아난다.

② 외화 교환해준다고 하면서 가짜 외화를 주거나 살짝 바꾼다.

③ 공공장소에서 각종 도박 형태로 사람을 유인하여 재물을 편취한다.

④ 노상에서 고의로 물건을 분실하고 나눈다는 구실로 재물을 편취한다.

⑤ 부자를 중매한다는 식의 혼인 사기

⑥ 기차표를 대신 구매하여 준다는 구실로 짐을 훔친다.

⑦ 중고 핸드폰을 구매할 때, 핸드폰을 바꿔친다.

사기의 행태로 볼 때, 현대 사회에서 나올 수 있는 종류가 골고루 분포되어 있다. 고가품을 잠깐 빌리자고 하면서 도망가는, 기차표를 구매해준다고 하면서 짐을 훔치는 등의 원시적 사기부터, 외

사기의 행태로 볼 때, 현대 사회에서 나올 수 있는 종류가 골고루 분포되어 있다.
"경찰이 말씀드립니다."(광저우)

화 교환해준다고 하면서 하는 사기·도박사기·중매사기 등의 특수사기 형태도 보인다. 광저우시 인민공원의 경찰 경고 표지판은 현대판 사기의 다양한 형태를 보여주고 있다. 아래와 같은 사기는 요즈음 우리나라에서 유행하고 있는 사기와 대동소이하다. 그 행태로 볼 때, 중국 대도시의 사기는 전 세계 대도시에서 만연하고 있는 그것의 수준과 어깨를 나란히 하고 있음을 알 수 있다.

① 친척이나 친구 사칭하여 사고가 났다고 하면서 사기
② 봉건 미신을 이용, 기복이나 치료 구실로 사기
③ 길에서 물건을 주웠다고 그것을 나누자는 구실로 사기
④ QQ 인터넷 통신 이용하여 상품 당첨되었다고, 세금과 우송비를 구실로 사기
⑤ 외화 교환, 위폐 매매, 차표 구매, 증명서 발급을 구실로 사기

警方提示

　　近期，公安部门发现有不法分子冒用公安机关电话号码，冒充民警向群众行骗。其手法是犯罪分子以显示公安机关电话号码致电受害人，慌称受害人家电话开通国际长途欠费、个人身份资料被盗用，或异地开通固定电话欠费、市民的银行帐号不安全等，要受害人将本人银行卡内的存款转到对方提供的帐号上实施诈骗。

　　请广大群众提高警惕，切勿上当受骗。如有可疑情况请即拨打 110 或派出所电话（81940145）报警。

二〇〇 年九月 日

시기 행태로 볼 때 인간관계 내지 소비 형태가 전화와 인터넷 위주로 재편되고 있다.
"경찰 알림"(광저우)

ⓐ 정부 기관 사칭하여, 세금 환급, 비용 환급 등 구실로 사기

ⓑ 길에서 재물 절도 방비

　　특히 인터넷을 할 수 있는 중국인 전체가 이용하고 있다고 해도 과언이 아닌 QQ 인터넷 통신을 악용한 사기와 정부 기관을 사칭하여 자행되는 사기 행태는 주목할 만하다. 바야흐로 중국사회가 인터넷을 통해서 연결되고 작동되고 있음을 보여주는 것이자, 인간관계 내지 소비 형태가 인터넷 위주로 재편되고 있음을 증명하고 있다. 최근 우리나라에서도 정부 기관이나 은행 등을 사칭하여 세금 또는 비용 환급한다는 사기가 기승을 부리고 있는데, 그런 측면에서 위 게시판을 우리나라 전역에 설치하더라도 크게 어색하지 않을 것 같다.

4. 계몽

　　물론 문명권장 사항을 지키지 않으면 가장 강력한 계몽 방법의 하나인 벌이 가해진다. 침을 뱉거나 쓰레기를 무단 투기할 경우 20~50위안(약 4천~1만원)의 벌금이 공지되고 있다. 아직까지는 홍콩에서 시행되고 있는 강제 규정 즉 불법 광고물을 부착하면 3개월, 쓰레기를 무단 투기할 경우 6개월 징역형까지 처한다는 경우만큼 살벌하지는 않다.

　　하지만 게시판이나 플래카드를 통한 끈질긴 계몽에도 중국인들이 동요 없이 지속적으로 함부로 버리거나 뱉는다면 서로서로가 감시인이 되는 싱가포르 방식이나 홍콩식 제재의 도래는 시간문제임이 분명하다.

물론 문명권장 사항을 지키지 않으면 가장 강력한 계몽 방법의 하나인 벌이 가해진다.
"친절한 경고"(광저우)

동사무소 벽의 마오쩌둥 글씨 "인민을 위하여 복무하자."(광저우)

　모든 표어를 종합하면 중국의 당면 목표는 문명 즉 계몽이다. 바로 근대정신의 함양이라고 할 수 있다. 20세기 내내 중국은 근대화의 부호로서 민주와 과학을 지상과제로 삼았다. 20세기 그것이 민주와 과학을 상징으로 하는 근대화를 추진할진대, 민주와 과학은 현실비판이라는 기제를 자신의 숙명으로 인식하고 꾸준히 진화해 왔다. 따라서 20세기 중국 지식인들은 자신을 민주와 과학의 사자로 자처했던 것이다.

　사상가 리쩌허우李澤厚의 말처럼 나라를 위기로부터 구해야 한다는 구망救亡의식이 계몽을 압도했든 아니든 근대 중국에서는 계몽이 차분하게 진행되지 못했다. 계몽이 필요한 사회는 시민의 의식구조가 여전히 전근대적이라는 뜻이다. 즉 도시화의 속도에 사람들이 따라가지 못하는 것이다. 따라서 도시 속에 거주하는 도시인들이 비합리적이라는 말인데, 쉽게 말해서 말도 안 되는 상황이 자주 일어난다는 뜻이다. 이 때 '말'은 곧 합리가 된다. 따라서 중국에서는 '말도 안 되는' 비합리적 경우가 자주 발생한다는 말이다.

"함께 조화롭고 아름다운 고향을 가꾸자."(광저우)

● 전근대 사회

　　한 예로 담배꽁초를 차창 밖으로 버리는 사람을 보자. 외견상 그 사람의 모습은 근대인일지 모른다. 하지만 그가 진정한 근대인일까? 그는 깨끗한 공간에 머무르고 싶다는 욕망을 공동의 공간을 더럽히는 것으로 채우는 것이다. 자신을 위해서 말도 안 되는 행위를 한 것이다. 그리고 남에게는 철저하게 비판적이면서, 정작 자신과 자신의 가족에게만은 매우 관대한 사람은 어떤가? 그들 안에 자리 잡은 전근대적인 사고방식과 행동은 그를 근대인으로 보기 어렵게 한다. 다시 사회진화론의 입장을 들이대면 문명은 근대를 말하는 것이고, 중국은 여전히 전근대적 상황에 처해 있다는 것이다.

　　그렇다면 우리는 근대인인가? 우리 한국인은 과연 진정한 근대를 살고 있는가? 라는 질문으로부터 우리도 자유롭지 못하다. 왜냐하면 이른바 서구적 근대의 외면을 갖추고 있을지언정 내면까지 그렇다고 자신할 수 없기 때문이다. 그러니까 우리의 의식구조가 과연 민주적이고 과학적이냐 하는 물음에 자신이 없다는 것이다.

혈연 · 지연 · 학연을 너무 중요시하는 한국 사회에서도 매 순간 말도 안 되는 상황이 연출되고 있다. 우리 경제발전의 속도만큼 민도가 성장하지 못한 것이다.

중국의 대도시에는 문명과 과학을 강조하는 플래카드가 수없이 걸려 있지만, 업무에 있어 그것을 반영하는 것은 완전히 별개의 것으로 나타나는 것이다. 하기야 이것이라도 없었으면 더 큰 비효율이 기다리고 있었을지도 모를 일이다. 그렇다하더라도 차량 통행량이 가장 많은 퇴근 시간에 도로를 막고 보수공사를 하고 있는 것을 보면 그냥 기가 막힌다. 2008년 10월 어느 날 광저우 공항 입국 수속 통로에서 당한 일도 마찬가지이다. 몇 대의 비행기가 같은 시각에 도착해서인지 10여 개의 입국 심사대는 인산인해를 이루고 있었다. 각 심사대 마다 30미터가 넘는 줄이 장사진을 치고 있었다.

조금 짧아 보이는 줄로 자리를 잡은 것이 내 실수였다. 5분이 지나고 10분이 지나도 내가 서있는 줄만 줄어들지 않고 그대로 있는 것이었다. 그때만 판단을 제대로 하였더라도 40분을 공항에서 그렇게 서있는 사태를 막을 수 있었을 것이다. 나는 조금만 기다리면 되겠지 라는 그야말로 막연한 기대감으로 계속 그 자리를 고수하고 있었다. 하지만 옆의 줄들이 줄어드는 속도에 짜증과 불안은 점점 더 확대되고 있었다. 줄이 거의 줄어들어 앞으로 나아갔을 때야 나는 사태의 원인을 알 수 있었다. 내 줄을 담당하는 직원 앞에 실습생이라고 쓴 작은 글씨가 붙어 있었다. 입국 손님이 그렇게 많은 시간에 왜 실습생을 연습시키는 말도 안 되는 상황을 연출하는 것일까? 일을 좀 '문명스럽게' 할 수는 없는 걸까? 지금 이 순간도 책임자들은 구호와 표어 뒤에 숨어 있다. 합리적인 실천을 할 바에야 플래카드 하나 더 내걸겠다는 것이다. **책임을 회피하고 '인민'을 착각에 빠뜨리기 위하여!** ■

이미지로 읽는 중화인민공화국

이 미 지 로 읽 는 중 화 인 민 공 화 국

02

애국선동

1. 국방

중국 최고 지도자의 철학은 대학 교내 곳곳에서 보이는데, 가장 중요한 건물인 본부 건물의 가장 눈에 잘 띄는 위치에 국가주석이자 공산당 총서기인 후진타오의 '8영광 8치욕' 영욕관이 큰 글씨로 게시되어 있다.

후진타오 국가 주석의 '8 영광 8 치욕' 영욕관

① 조국 사랑은 영광, 조국 배신은 치욕

② 과학 숭상은 영광, 무지몽매는 치욕

③ 상부상조는 영광, 이기심은 치욕

④ 법률 규정 준수는 영광, 위법은 치욕

⑤ 인민을 위한 복무는 영광, 인민 배신은 치욕

⑥ 근면한 노동은 영광, 게으름은 치욕

⑦ 신용은 영광, 신의 배신은 치욕

⑧ 각고 분투는 영광, 사치 향락은 치욕

문명에 대한 가르침은 서서히 강도를 더해 가서 이제는 그것을 지키는 자에게는 영광의 명예를, 받들지 못하는 자에게는 반대로 치욕을 선사한다. 1항부터 8항까지 영광과 치욕의 정확한 대비는 앞의 것들이 어떤 절대자의 숭고한 외침과도 같은 힘을 느끼도록 해주고 있다. 원래 단순하거나 무식하거나 교활한 사람들이 이분법에 빠지거나 흑백논리를 선호한다. 그들은 '세상이 모두 썩었다'거나 '지구에 곧 종말이 온다'거나 '온통 빨갱이 세상이다'거나 '모두가 도둑놈이다'라는 말을 입에 달고 다닌다. '8영광 8치욕' 중 가장 먼저 제시되고 있는 것은 조국에 대한 사랑이다. 두 번째로 제시되고 있는 것은 과학 숭상이다. 조국 사랑이나 과학 숭상이 영광

이미지로 읽는 중화인민공화국

문명에 대한 가르침은 서서히 강도를 더해 가서 이제는 그것을 지키는 자에게는 영광의 명예를, 받들지 못하는 자에게는 반대로 치욕을 선사한다. "사회주의 영욕관"(장강 삼협댐)

이라면, 조국 배신과 무지몽매는 치욕이다. 영광과 치욕 그 앞뒤 호응관계가 합리적으로 연결되고 있는지는 차치하고라도 과학을 숭상하는 것이 그토록 절박하다는 말이다. 도대체 왜? 중국의 처절했던 근대사와 일정 부분 관계가 있다.

● 근대사의 치욕

2008년 광저우 도심에 자리잡은 모범 동네 입구에는 청동으로 만든 경종이 자리잡고 있다. 또 그 옆에는 아래와 같은 설명이 뒤따르고 있다.

경종(국치를 잊지 말고, 중화를 진흥시키자)

근대 중국 역사는 비참한 굴욕의 역사이다. 1832년 영국이 간첩선을 파견하여 중국의 연해를 침입한 후 1945년까지 113년 동안, 당시 정부의 부패 무능 때문에 아편전쟁·8개국 연합군의 침입 등이 잇달아 발생하여, 난징南京 조약 등 1천여개의 불평등 조약이 강요하에 체결되었다. 중국은 정치·경제·군사 각 방면에 거대한 손실을 입었으며, 백성의

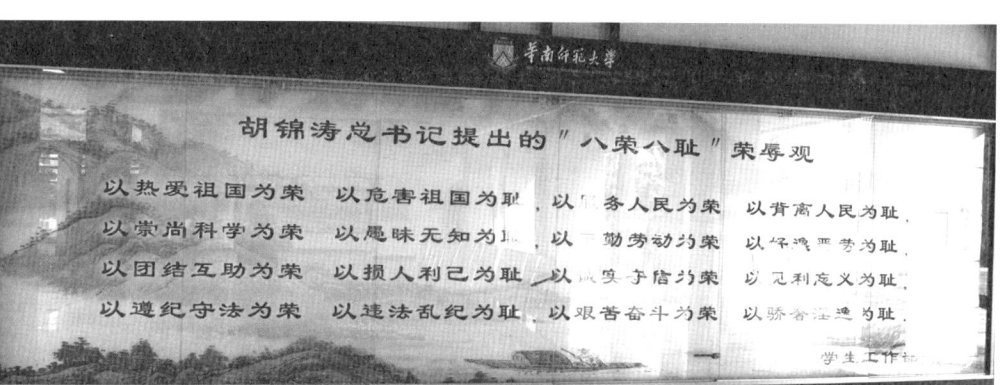

"후진타오 총서기의 '8영광 8치욕' 영욕관"(광저우의 화난사범대학 본부동 게시판)

생활은 도탄에 빠졌다.

역사를 기억하고, 자강불식해야 한다. 위대한 중국공산당의 정확한 영도 아래, 전국 인민이 일치단결하여, 중국 특색의 사회주의 도로를 따라, 경제와 과학기술을 부단히 발전시켜야 한다. 종합 국력을 증강하고, 강대한 국방을 건립하여, 중화민족의 국제 지위를 제고시켜야 하며, 중화민족의 위대한 부흥을 실현하자.

(문장 일부 생략 - 인용자)

2007년 1월 23일, 나는 산동 반도 웨이하이威海의 류공도劉公島에 도착했다. 류공도는 청말 북양해군의 탄생지이자 청일전쟁의 전장이기도 하다. 중국으로서는 서럽고 가슴 아픈 근대사를 상징한다. 현재 국가급 문물 보호 시설이다.

1894년 북양함대가 일본 해군에 의해 전멸했다는 소식을 들은 사령관 정여창丁汝昌제독은 이곳 자신의 집무실에서 다량의 아편을 한꺼번에 먹고 자결했다. 오늘 장쩌민 전총서기가 직접 쓴 '중국 갑오전쟁 박물관'이라는 글씨 간판이 그날의 치욕을 잊지 말자는 듯

이미지로 읽는 중화인민공화국

관람객을 맞이하고 있다.

청나라가 패배하여 약한 국력을 다시 한 번 드러내자 서구 열강은 경제적 이권획득에 그치지 않고, 한 걸음 더 나아가 조차지租借地 획득 경쟁에 적극적으로 나섰다. 먼저 러시아는 삼국간섭의 주동자로 일본을 압박하여 요동반도를 중국에게 반환시키고, 중국이 배상금 지불로 재정적 압박을 당하게 되자 프랑스와 공동으로 차관을 제공하였다. 러시아는 만주를 손에 넣으려는 본격적인 작업에 착수하여 철도 부설권을 획득하고, 1898년에는 요동반도의 뤼순旅順과 다롄大連을 조차하는데 성공했다. 조차가 아니라 사실상 할양에 가까운 형태였지만 제국주의 열강이 이미지 관리 차원에서 조차라는 단어를 사용한 것에 불과했다.

러시아의 만주철도 이권획득은 각 나라의 조차지 · 철도이권 획득경쟁의 신호탄이었다. 독일은 1897년 선교사 살해사건을 구실로

도심의 모범 동네 입구 청동으로 - 만든 경종(광저우)

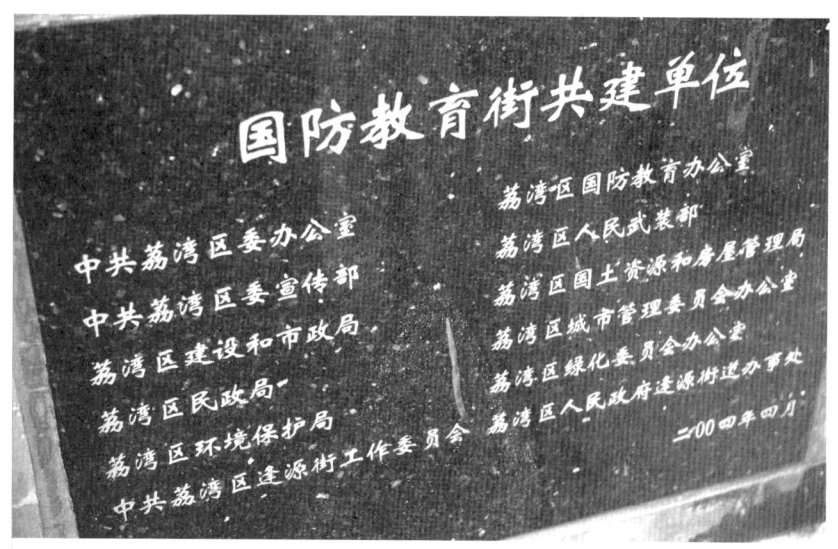
"국방 교육 거리 공동 건설 단위"(광저우)

다음해 교주만膠州灣을 조차하였다. 영국은 1898년 러시아가 요동반
도를 조차하자 이에 대한 견제를 빌미로 웨이하이를 해군 근거지
로 요구했다. 당시 프랑스는 인도차이나 식민지 개척에 몰두하여
중국진출에는 소극적이었다.

하지만 삼국간섭 후 러시아와 독일의 중국진출이 활발해지자
프랑스도 삼국간섭의 보상을 받으려 하였다. 마침내 1899년 프랑
스는 자국민이 살해된 사건을 이용하여, 광주만廣州灣 조차권을 획
득하였다. 미국은 쿠바사건으로 아시아에 진출할 여유를 가지지
못했지만 1898년 하와이를 병합하고 필리핀을 점령하면서부터 중
국진출 경쟁에 가담하였다. 이후 중국의 주요 항구가 외국의 지배
하에 들어가게 되었던 것이다. 열강에 의한 조차지와 철도 이권 획
득경쟁은 급속하게 중국 국력의 약화를 초래했다.

제국주의 열강의 또 다른 상징은 조계지租界地 운영에 있었다. 조
계지란 중국의 대외 항구에서 외국인이 중국 정부에 세금을 납부
하는 대신 행정 · 경찰 · 사법 등을 관할하던 지역이다. 1845년 상

이미지로 읽는 중화인민공화국

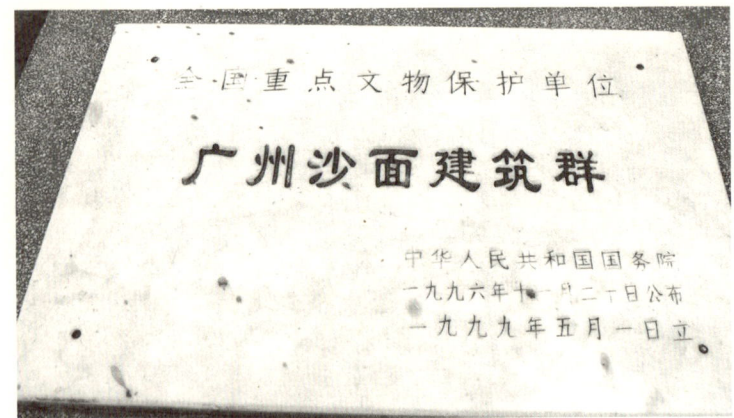

"전국 중점 문물 보호 단위 - 광저우 사몐沙面 건축군"

하이에서 영국이 처음으로 설정하면서 시작되었다. 조계지는 임대료만을 중국에 지불할 뿐 사실은 독립된 지역이었다. 이렇게 볼 때 우리나라의 임시 정부가 상하이의 조계지에 설립된 이유는 자명하다. 상하이의 조계지는 태평천국운동 시기에도 안전지대였기 때문에 외국자본이 집중되었다.

이런 조계지는 청일전쟁 이후 크게 증가하여, 영국 · 일본 · 러시아 · 독일 · 오스트리아 · 이탈리아 · 벨기에 등이 중국의 28개 지역에 운영할 만큼 양적으로 확대되었다. 조계지는 해당국의 직접투자가 가능하였다. 이에 따라 제국주의 열강들은 무역업과 은행업에 투자하면서 생산에도 뛰어들었고, 중국에 대한 경제적 지배를 확대해 갈 수 있었던 것이다. 이후 중국은 정치 · 경제 · 군사적으로 이들에게 종속되어 반식민지 상태로 전락했던 것이다. 조차지와 조계지는 중국의 치부라고 할 수 있다. 그래서 지금도 교육현장에서 과거의 치욕을 잊지 말자는 차원에서 자주 인용되고 있는 것이다.

광저우 조계지 서양식 건물

● 애국주의 교육기지

　중국식 표현대로 국가 애국주의 교육기지로서 가장 유명한 곳은 베이징의 원명원圓明園일 것이다. 2009년 벽두부터 청나라 황제의 여름 별궁이었던 이곳의 청동 12지상이 다시 전 세계 호사가들의 화제로 등장했다. 쥐머리와 토끼머리 동상이 2009년 2월 크리

이미지로 읽는 중화인민공화국

스티 경매장에 나타난 것이다. 2008년 가을에 이미 경매에 등장 할 것이라는 소식을 접한 중국의 네티즌들은 문화재 환수를 위한 모금운동을 벌인바 있다. 그리고 81명의 변호사가 크리스티를 상대로 반환 소송을 준비했다.

중국 정부도 '원명원에서 약탈된 문화재의 소유권은 명백히 중국에 있다. 이 유물들은 마땅히 중국에 반환되어야 한다'는 성명을 발표했다. 그럼에도 불구하고 두 개의 동물머리 동상이 각각 270억 원에 낙찰되자 중국 외교부와 문물국은 '중국인의 문화적 권리와 민족 감정을 손상시키는 행위'라고 비난했다. 한걸음 더 나아가 '근대 이후 서방이 무력으로 약탈한 문화재를 반환하라'고 목소리를 높였다. 13억 인구 전체가 분노로 부글부글 끓는 상황에서 중국 정부는 크리스티의 중국 내 영업 활동을 봉쇄하는 조치를 취하고 있다. 개당 270억 원에 낙찰 받은 사람이 유물반환단체 회원으로서 돈을 못 낸다고 버티고 있음에도 말이다.

2007년 마카오의 최대재벌 스탠리 호가 경매장에 나온 말머리 상을 82억 원에 구입하여 중국에 헌납한 적이 있다. 그는 2003년에도 돼지머리 상을 국가에 헌납했다. 2000년에는 인민해방군이 지원하는 기업이 경매장에 나온 소머리 상과 원숭이 상을 사들였다. 이렇게 본다면 원명원의 치욕에 대한 중국인들의 원한을 알 수 있다. 일찍이 원명원은 건륭제가 마음먹고 조성한 유럽형 궁전이었다. 베르사유 궁전을 본떠서 지은 이곳은 화려한 석조 건물과 미로의 정원 그리고 정교한 분수로 유명했다.

1842년 1차 아편전쟁의 승리로 홍콩섬을 할양받았던 영국은 생각한 것처럼 자국의 상품수출이 증가하지도 않고, 베이징에 외교 공관을 개설할 수 없는데다, 기독교 선교의 자유도 확보하지 못했음이 내내 불만이었다. 호시탐탐 기회를 엿보고 있던 영국에게 영국 국기를 모독했다는 애로우호 사건은 새로운 전쟁의 구실로 충

"광저우 청소년 애국주의 교육 기지 - 참관 무료"

분했다. 영불 양국 연합군은 1차 아편전쟁보다 훨씬 더 잔인한 작전을 펼쳐 중국으로부터 기독교 전도 자유와 북부 항구 개항을 보장받는다.

1860년 이 조약의 조기 집행을 요구하고자 베이징으로 들이닥친 영불 연합군은 원명원을 철저하게 파괴하고 수만 점의 유물을 약탈해 갔던 것이다. 청동 12지상은 원명원의 시계 분수를 꾸미는 장식품이었다. 전 세계 중국인과 중국 정부가 자존심 회복차원에서 추적하고 있는 나머지 동물 머리상의 행방은 아직도 묘연하다. 그리고 대내외적으로 열강의 잔학성을 홍보한다는 차원에서 원명원은 보수되지 않고 여전히 흉한 모습으로 전 세계의 손님을 맞이하고 있다. 약탈당한 역사 위주로 전시되고 있는 원명원 전시실은 아래와 같은 내용으로 끝을 맺고 있다.

위에 열거된 유물은 빙산의 일각에 불과하다. 약탈된 유물은 부지기수다. 죄악의 불에 의해 재로 변해 버린 것은 더더욱 부지기수다. 약탈된 후의 원명원, 그것의 잔해와 굴욕의 영혼은 시시각각 역사의 반성을 부

이미지로 읽는 중화인민공화국

르짖고 있다. 우리는 과거를 기억하며, 더욱이 미래를 기대한다. 이국 타향의 일개 학생이나 중국인 동포 그리고 중국을 사랑하거나 평화를 사랑하는 세계인이 모두 함께 잃어버린 원명원의 유물을 찾기를 기대한다.

아편전쟁 패배 또 원명원 파괴 그리고 청일전쟁의 패배부터 서구 열강의 반식민지로 전락되는 과정으로 대표되는 중국 근대사의 치욕은 사실 중국 과학의 치욕이라고 할 수 있다. 즉 총이나 대포 그리고 군함으로 상징되는 무기의 열세 속에서 치러진 서구와의 경합은 처음부터 공정한 게임이 될 수 없었다.

근대화 과정에서 보여준 중국 정부나 지식계의 노력 즉 정치체제에 대한 반성이나 사상적인 점검은 사실 부차적인 문제였고 사후 약방문에 불과했다. 쇠로 만든 군함과 연발로 나오는 총의 성능이 승패의 본질이었음은 부인할 수 없는 사실이다. 이후 중국 대륙을 두고 패권을 다투던 군벌시대에나 국민당과 공산당 간 내전 시기에나 1949년 중화인민공화국 수립 이후에도 국방 과학 기술에 대한 권력 주체의 관심은 모든 부문에 우선했다.

2. 애국

중국의 수도 베이징에서 가장 큰 도로인 장안대가長安大街의 광대光大은행 앞 광장, 우주선과 우주인 모형이 행인들의 눈길을 끌고 있다. 2003년 중국이 마침내 유인 우주선 발사에 성공했다. 전 세계가 깜짝 놀랐는데, 중국의 우주과학 기술이 이미 세계적인 수준이라는 것을 익히 알고 있었지만 그렇게 빨리 성공할지는 몰랐던 것이다. 아마도 소련 해체 이후 미국 패권 위주로 진행되고 있는 세계정세 속에서 나름대로의 역할을 하고자 속도에 박차를 가했으리라.

2~3백 년 전부터 서구에 뒤지기 시작한 중국은 19세기 내내 그리고 20세기 중반까지도 서구열강으로부터 수모를 당해왔다. 직접적 원인은 군사무기 기술을 비롯한 과학기술의 후진성 때문이었다고 할 수 있다. 2008년 대도시 거리 곳곳에서 보이는 국방 관련 표어는 근대사의 오욕을 생각하면 새삼스럽다.

- 국방 책임은 중요, 조국은 마음속에
- 조국을 보위하고 침략에 대응하는 것은 모든 국민의 신성한 직책
- 조국의 영토 · 영해 · 영공은 신성불가침
- 과학기술 강군, 공고한 국방
- 유인 항공 기술의 발전은 우리나라 정치 · 경제 · 과학기술에 중요한 의의가 있다.
- 민족 응집력을 높여 조국의 평화적 통일을 보위하자.
- 강대한 현대 국방을 건설하자.

그래서 1949년 대륙이 중화인민공화국으로 통일된 이후 정부는 국민 경제가 뒷받침 되지 않았음에도 불구하고, 국방력 증강을 정책의 최우선 순위에 두고 신무기 개발에 박차를 가했던 것이다. 하여 1950년대에는 원자폭탄 · 1960년대에는 수소폭탄 · 1970년대에는 대륙 간 탄도 미사일 개발에 성공하였다. 근대사의 치욕이 모두 국방력 특히 과학기술이 약해서 당한 원한의 시간이었다는 인식에서 출발한 노력의 산물들이다.

그들은 역사적 원한을 풀기위해 모든 지도자가 총력으로 핵무기를 위시한 첨단기술의 개발에 매진하여 왔다. 그리고 우주를 선점하기 위한 계획을 차근차근 실천해 왔던 것이다. 마침내 미국 ·

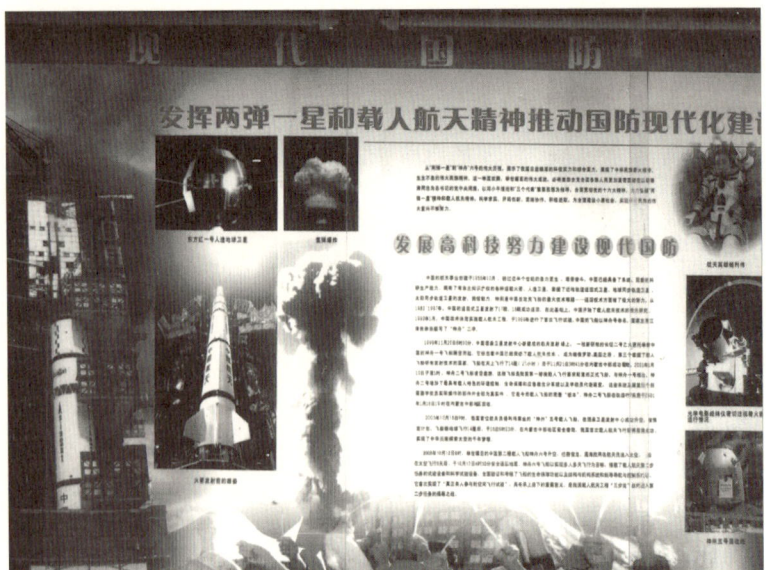

"미사일과 유인 우주선 정신으로 국방 현대화를 추동하자."(광저우)

러시아에 이어 세계에서 세 번째로 유인 우주선 발사에 성공하였
다. 중국의 입장에서 볼 때 유인 우주선의 성공은 21세기의 가장
위대한 사건임이 분명하다. 과학기술의 측면에서 이제 중국은 명
실상부하게 세계 최강국이라는 옷을 입게 되었다. 2009년 10월 1
일, 중국 정부는 그간의 성과를 내외에 과시했다. 사상 최대로 기획
된 건국 60주년 기념 퍼레이드에서 핵탄두를 탑재할 수 있는 대륙
간 탄도 미사일·크루즈 미사일·차세대 전투기·공중 경보기 등
을 처음으로 공개했다.

● 애국 이데올로기 주입

국방과 애국의 연결 노력은 표어뿐만 아니라 언론 매체를 통하
여 전 방위적으로 추동되고 있다. 그 노력의 집요함은 국방이나 애
국을 모든 계몽 시스템의 최고 자리에 두는 것으로 알 수 있다. 의
도된 계몽은 그것 자체가 이미 통제된 전체주의와 통한다. 사상적

"국가에 방어가 없다면 바로서지 못하고, 국민은 방어가 없다면 불안하다."(광저우)

이미지로 읽는 중화인민공화국

"부국강병은 국가의 핵심 업무"(광저우)

측면에서 계몽의 형태를 통한 세계관 통일작업은 전체주의적 요소가 매우 짙은 방법 중 하나이다.

보스니아 전쟁을 취재한 기자 피터 마쓰는 옛 이념은 빛을 잃었고 기회주의 정치가들은 권력을 잡기 위한 수단으로 민족주의 카드를 사용하기 시작했다[4]면서 민족주의 횡행에 대해 우려를 표명한 적이 있다. 중국공산당은 민족이라는 거대 담론과 함께 애국을 권력 유지를 위한 최대의 무기라고 생각하고 있는 듯하다. 억지로 그리고 지속적으로 주입되고 있는 애국 교육은 곳곳에서 감지되고 있다. 바야흐로 애국주의가 중국 전역을 휩쓸고 있다.

2004년 8월 톈진天津에서 지방 텔레비전을 시청하고 있는 나에게 소름끼치는 장면이 눈에 들어왔다. 막 4주간의 군사훈련을 마치고 학교로 복귀한 대학생들을 초청하여 강평회를 열고 있었다. 그런데 처음부터 끝까지 애국의 선전장이었다. 총을 주면 곧바로 전장으로 뛰어나갈 것 같은 분위기가 프로그램 내내 지속되고 있었다. 토론 시간 내내 반대 의견을 제시하는 사람이 하나도 없었으며, 한 건의 개선 방안조차 제기 되지 않았다. 프로그램의 시작부터 분위기는 이미 애국 외에는 아무것도 용납할 수 없는 곳으로 달려가고 있었다.

더 이상 참지 못하고 채널을 다른 곳으로 돌렸는데, 마침 고등학생 군사지식 대회가 방영되고 있었다. 텔레비전을 꺼버릴까 하다가 고교생과 군사지식 대회라는 연결이 너무 생소하여 조금 더 주의를 기울여 보았다. 고교생들의 발언 역시 애국 · 애국 · 애국의 연속이었다. 애국에 관해서 표현 가능한 모든 모범 답안이 계속되고 있었다. 애국의식이 있어야 봉사할 수 있고, 총을 들면서 비로소 책임감이 생긴다는 말은 입버릇처럼 반복되고 있었다.

모두가 격한 감정을 자제하지 못하고 있었다. 애국이 무조건적으로 강요되고 있음은 바로 사회적으로 세계관을 통일시키고자 하

"국방 책임은 중요, 조국은 마음 속에"

"민족 응집력을 높여 조국의 평화적 통일을 보위하자."

"2 미사일 1위성 정신은 위대한 민족정신의 개가"

이미지로 읽는 중화인민공화국

는 분위기가 지배적이라는 말이다. 사상가 로자 룩셈부르크는 입으로만 또는 표면적인 애국주의는 국가에 대한 유치한 환상과 배외주의를 불러일으킴과 동시에 인간에 의한 인간의 지배와 착취를 은폐하고 불합리한 사회체제를 영원히 존속시키려는 수단으로 보았다.[5] 애국주의가 불합리한 사회체제를 감추기 위한 기제라는 말이다. 그래서 애국주의 선동은 위험하다.

2005년은 정화(鄭和, 1371~1433)가 수백 척의 함선을 이끌고 인도양을 넘어 아프리카까지 이른바 대항해를 시작한지 6백년이 되는 해였다. 콜럼버스보다 1백년 먼저 모험을 시작했으며, 칭기즈칸보다 더 위대한 인물이라는 그를 기리는 행사가 전국을 휩쓸었다. 기념주화를 발행하고, 세미나를 개최하고, 드라마를 제작하는 등 관련 행사는 그 해 내내 중앙과 지방 언론에 대대적으로 홍보되었다. 모든 프로그램의 마지막 초점은 당연히 정화의 '애국 헌신하는' 정신 선양에 맞추어져 있었다.

국영 CCTV가 3년에 걸쳐 제작한 역사 다큐멘터리 '대국 굴기大國崛起'가 나라 전체를 뒤흔든 것도 2006년의 일이다. 스페인 · 포르투갈 · 네덜란드 · 영국 · 프랑스 · 독일 · 일본 · 러시아 · 미국의 전성기와 발전 과정을 12부작으로 제작하여 텔레비전 프라임 타임에 방영하였다. 강대국의 흥망을 결정하는 요인을 분석한 파일의 마지막 부분은 '21세기 대국의 길'이었다. 강대국과 패권을 꿈꾸는 중국의 야심이 기존 강대국의 성장과정을 통해 노골적으로 드러나고 있었다.

전편에 걸쳐 강대국을 향한 길에 무엇보다도 국민의 정신이 뒷받침되어야 한다는 논리가 시종일관 돌출되고 있었다. 관련 책과 DVD는 전국의 모든 서점과 좌판에서 베스트셀러였고, 한동안 나라 전체가 강대국 중국의 도래를 축하하는 분위기에 휩싸였음은 물론이다.

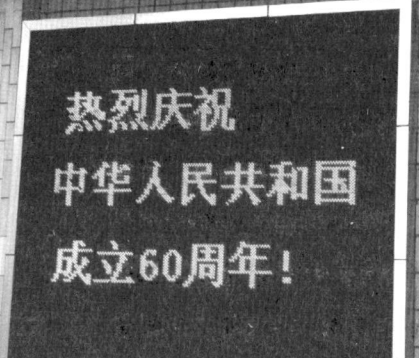

도심 곳곳에 애국주의가 전시 강요되고 있다. "중화인민공화국 수립 60주년을 열렬히 경축한다!" "조국을 열애하고, 조국을 건설하자!"(베이징 수도사범대학 부속중고등학교 교문 전광판)

2009년 중화인민공화국 건국 60주년을 맞이하면서 애국 선풍은 이어지고 있었다. 텔레비전은 각종 기념행사를 보도하면서 '전율을 느낀, 자부심에 벅찬, 눈물을 흘리는' 관중의 반응을 시시각각 보여주고 있었다. '대국 굴기'의 후속편인 '부흥지로復興之路'가 되풀이 방영되고 있었으며, 항일전쟁·국공내전 등 전쟁드라마가 중앙과 지방 방송국의 저녁 시간을 점령하고 있었다. 지금까지도 전쟁 영화와 드라마는 전쟁의 참상을 알리기 보다는 오로지 애국주의 선동에 집착하고 있다.

3. 중국공산당

중국 방송의 화두는 여전히 애국이며 동원되는 소재 또한 매우 다양하다. 특히 유인 우주선의 성공은 이른바 중화민족 전체의 사기를 고양시키기 위한 매우 적절한 수단임에 틀림이 없었다. 1차·2차 우주인은 이제 국가의 영웅이자 민족의 상징으로 자리 잡았다. 우주인들은 상당기간동안 중앙이나 지방 정부의 각종 행사에 빠짐없이 동원되었고, 홍콩과 마카오까지 가서 애국심 고양의 선봉대로 활동했다.

2008년 광저우 시내 한 유서 깊은 동네의 게시판에서는 최근의 수소폭탄 실험이나 인공위성의 성공부터 유인 우주선 성공까지의 '위대한' 여정에 대해 이런 의미를 부여하고 있었다.

- 위대한 여정은 날로 증강하는 과학 기술 실력과 종합 국력을 보여 주는 것이며, 중화민족의 위대한 민족정신을 체현한 것이다. 이 위대한 성취는 앞으로 전 당·전국 각 민족 인민을 더욱 단결시킬 것이다.
- 덩샤오핑 이론과 3개 대표 중요 사상을 지도이념으로 하며, 후진타오 총서기를 중심으로 하는 당 중앙의 16대 정신을 전면 관철하는 것이다.
- 위대한 여정 정신을 크게 홍보하여, 소강 사회를 전면적으로 건설하고, 중화민족의 부흥을 위하여 끊임없이 노력하자.

목전 중국의 위대한 여정 즉 유인 우주선의 성공은 무엇을 말하는 것인가? 날로 증강하는 중국의 과학 기술과 종합 국력을 보여주는 것이자, 중화민족의 위대한 정신을 나타내는 것이란다. 이 모든 것은 공산당 전체와 중국 내 모든 민족을 단결시킨다는 논리로 연결된다. 정치학자 헌팅턴은 1989년 천안문 민주화운동 이후 당국이 새로운 합법성의 원천으로 민족주의를 적극적으로 포용하여 자신의 권력과 통치를 공고히 하였음[6]을 지적한바 있다.

중국공산당은 한걸음 더 나아가서 애국이나 국방으로 자신의 존재 가치를 꾸준히 확인시키고 있다. 국방이나 애국은 어차피 차분한 감정으로는 얘기가 안 되는 주제인지도 모른다. 하지만 부담스러울 정도의 감정오버는 분명 전체주의적 선동의 관성이 분명하다. 거꾸로 보면, 감정 오버를 유도하는 분위기는 권위주의 조직에서 분위기를 선동하는 가장 중요한 방법이 된지 오래이다. 따라서 이 방법은 큰 대가를 치러야 함에도 불구하고 상당히 오래 갈 가능성이 크다.

대저 성인의 도는 물과 같아서 아래로 흐른다. 그것이 진리의 영역에 속하는 것이라면 떠들지 않아도 자연스럽게 전해지는 법이다. 왜 구호와 표어로 전달하고자 하는 것인가! 정권과 이념의 절대화이자, 전형적인 시선 바꿔치기이다. 즉 애국이라는 숭고한 이데올로기로 집권당인 공산당까지 국가와 동일한 실체로 인정받게 되는 것이다. 그만큼 중국공산당의 상황이 절박하다는 것이다.

● 이미지 홍보

후진타오 총서기는 2008년 12월 18일 개혁개방 30주년 기념석상에서 공산당 창당 100주년과 건국 100주년의 성과를 미리 언급했다. 개혁개방 30년의 성과를 큰 소리로 자랑한 그는 내친 김에 2021년 공산당 창당 100주년에는 전국이 살만한 상태인 '소강小康' 상태로 진입할 것이라고 했다. 또 중화인민공화국 건국 100주년이 되는 2049년에는 중국 전체가 근대화 단계로 진입할 것이라고 자신 있게 단언했던 것이다.

지난 30년 동안 중국공산당대회 보고서에 가장 많이 출현한 단어를 보면 그 변화를 뚜렷하게 알 수 있다. 개혁개방을 결정한 1978년의 11차 당 대회의 보고서에 가장 많이 등장한 단어는 '마오쩌둥毛澤東주석'이었다. 그 반면에 2007년의 17차 당 대회에서는 '발전'이라는 단어가 출현 빈도수 1위를 차지하고 있었다.[7] 그야말로 격세지감이 든다.

중국공산당이 가장 보편적으로 사용하는 홍보 방법 중의 하나가 바로 텔레비전의 드라마를 이용하여 애국 정서를 고양시키는 동시에 공산당에 대한 충성심을 유도하는 것이다. 특히 장쩌민 정

"위대한 중국 인민 만세! 위대한 중국공산당 만세!
위대한 중화인민공화국 만세! 전국 각 민족 대단결 만세!"

"사랑한다, 중국이여! 중화인민공화국 수립 60주년 축복"

"애국 · 법률 준수 · 성실 · 예의 – 함께 조화지역을 건설하고, 함께 문명○○을 창조하자."(광저우)

권 때는 해마다 거대한 스케일의 역사 드라마를 제작하기도 했다.

1999년에는 40부작의 『옹정 왕조雍正王朝』가, 2000년에는 측면에서 강희제를 칭송하는 『청렴관리 어성룡―代廉吏于成龍』이, 2001년에는 46부작의 『강희 제국康熙帝國』이, 2002년에는 건륭제를 칭송하는 『천하의 양식 창고天下糧倉』가 방영되었다. 이들 역사 드라마의 공통점은 옹정 · 강희 · 건륭을 모두 완벽한 성군으로 만들었고, 사실을 지나치게 미화하였다는 것이다. 드라마들의 방영 시점은 장쩌민의 3개 대표 정신의 대대적인 홍보 시기와 같았다. 과거 박정희 대통령이 이순신 장군을 부각시켜 그 구국의 이미지에 자신이 연결되도록 한 것과 같은 방법이다.

이미지로 읽는 중화인민공화국

● 중국 사회주의

1949년 10월 1일, 중국공산당은 천안문광장에서 중화인민공화국 수립을 선포했다. 이것은 중국이 사회주의 단계로 진입함을 알리는 것이었다. 중국의 사회주의 역사는 이때부터 시작된 것이다. 중국 사회주의의 출발은 모든 국민들로 하여금 평등하고 공평한 사회가 곧 도래하리라는 기대를 불러일으켰다. 건국 초기에 국민들은 공산주의로 나아가는 사회주의 단계에서 프롤레타리아를 대신해서 공산당이 독재하는 것을 충분히 이해했다. 하지만 사회주의는 호소하지 않고 요구한다[8)]는 이사야 벌린의 말처럼 강력한 리더십 없는 사회주의는 상상하기조차 어렵다. 요구하는 리더십은 끊임없는 혁명의식을 요구했고, 그것과 반비례하여 국민들의 기대는 날로 사라졌다.

공산주의라는 유토피아의 실현은 쉽지 않았다. 우선 똑같이 일하고 똑같이 나눈다는 것이 어렵다. 농민은 농토에서 노동자는 공장에서 각자 정해진 시간동안 노동을 하지만, 사실 노동의 질과 양을 정확하게 측정하기란 거의 불가능하다. 때문에 사회주의 국가에서 공산당원의 역할은 무엇보다도 중요하다. 공산당원의 헌신과 희생 없이는 일반 노동자 농민의 분발을 유도할 수 없는 것이다.

그래서 레이펑雷鋒 같은 불사신의 노동 영웅을 만들어낼 수밖에 없고, 한 때 북한에서 써먹었던 '새벽별 보기 운동'이나 '천 삽 뜨고 한번 허리 펴기 운동' 등 생산성 고양을 위한 각종 운동이나 구호가 빠질 수 없는 것이다.

당원의 노력에 의해 아슬아슬하게 유지되어 왔던 공평한 빈곤이 1979년 개혁개방 이후 빈부격차가 불거지면서 중국공산당의 존재이유는 갈수록 약해지고 있다.

이제 가장 모범적이고 희생적인 인간형만 가입될 수 있는 공산당원의 사회적 지위도 보잘 것 없어진 모양이다. 천안문과 그 옆

"국방 교육 거리 – 원수의 벽, 공화국 원수들의 이력"(광저우)

중남해中南海대문의 '중국공산당 만세', '무적의 마오쩌둥 사상 만세'
와 같은 간판이 계속 걸려있는 이유는 아무도 가져가지 않기 때문
이라는 농담이 시의성을 잃어버린지 오래이다. 2005년 7월 오악
중 서악인 화산華山으로 빠지는 톨게이트에는 '공산당원이 당신께
인사를 드립니다'는 플래카드가 휘날리고 있었다. 고속도로를 달
리다 보면 뜬금없이 '중국공산당 만세'라는 플래카드가 나타나기
도 한다. 그렇게 해서라도 자신의 존재를 부각시켜야 하나보다. 이
때 더욱 골몰할 수밖에 없는 것은 공산당의 존재 가치를 위한 이론
개발이다. 그 이론은 상황과 역사에 따라 진화에 진화를 거듭해오
고 있다. 전 방위적인 홍보는 필수적이다.

"위대한 중국공산당 만세"(베이징)

● 사회주의 이론의 진화

2002년 1월 다퉁大同의 현공사懸空寺를 다녀오는 도중 산골의 토굴촌을 지나면서 아직도 저런 곳에 사람이 사는구나하고 놀란 적이 있다. 그리고 장쩌민의 3개 대표론을 굳건히 수행하자고 토굴 담벼락 곳곳에 써놓은 표어를 보면서 홍보에 대한 공산당의 집착에 더욱 놀랐다.

시골에서 택시로 이동하는 중에 '3개 대표정신으로 가로등 정비 추진하자', '실제 행동으로 3개 대표 실천하여, 참신한 자태로 16차 중국공산당대표대회를 영접하자'는 표어가 보였다. 택시 기사에게 3개 대표의 의미를 묻자 애매한 웃음을 지으며 인민애호 정신이라는 대답이 돌아왔다. 장쩌민 주석의 3개 대표 노선은 공산당이 ① 전체 인민의 광대 이익 ② 선진 문화 ③ 선진 생산력을 대표한다는 것이다.

3개 대표 노선은 한때 중국 전역에 걸쳐 강조되었다. 당시는 장쩌민의 3개 대표노선 전성시대였다. CCTV에서 프라임타임에 3개 대표 노선에 대한 시리즈를 방송하기도 했다. 한때 텔레비전을 틀

면 거의 모든 프로그램의 주제가 '3개 대표' 정신으로 통한 적이 있
다. 2002년 8월 어느 저녁에는 가족이 아무도 없는 할머니 한 명에
대한 구청의 살뜰한 보살핌을 보도하는 내용이 나왔다. 프로그램
의 마지막에는 할머니가 구청에서 돌봐 주는 사실에 대해서 매우
고마워하면서, 이것이 바로 장쩌민주석의 '3개 대표' 노선의 실천
이라고 말하고 있었다.

그것은 덩샤오핑의 남순강화 이후 새로운 이념 창출에 골몰하
던 중국공산당의 야심작이며, 그동안 이념 부재로 고민해오던 장
쩌민의 사상체계의 정수라고 할 수 있다. 당시 중국공산당과 중국
이 처한 현실을 극명하게 보여주고 있으며, 16차 당 대회에서 총서
기로 선출된 후진타오 국가 주석의 초기 이념 모델이기도 하여 주
목받았다.

2001년 말, 장쩌민의 이론서『당의 건설에 관하여』가 중앙문헌
출판사에서 출판되었다. 장쩌민의 '노선'이 마르크스 레닌 '주의',

중국을 상징하는 천안문 "중화인민공화국 만세, 세계 인민 대단결 만세"(베이징)

이미지로 읽는 중화인민공화국

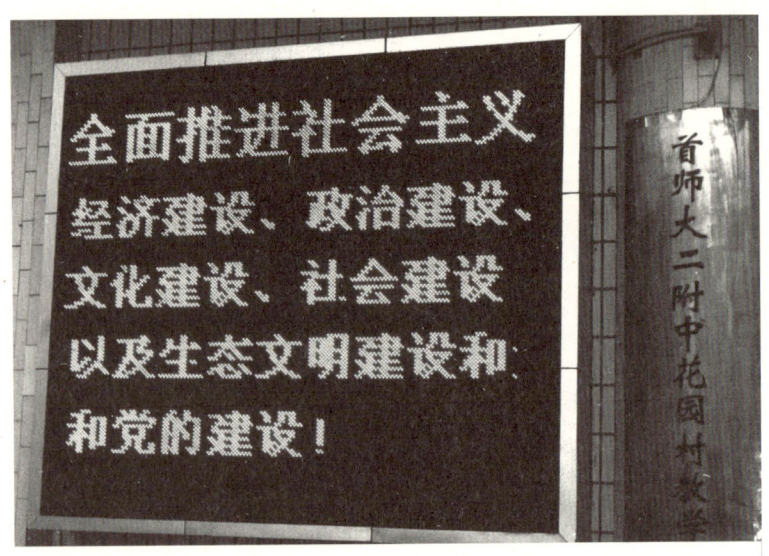

"사회주의 경제건설 · 정치건설 · 문화건설 · 사회건설 및 생태 문명건설과 당의 건설을 전면적으로 추진하자!"(베이징)

마오쩌둥 '사상', 덩샤오핑 '이론'과 같은 반열에 올랐음을 의미하는 것이었다.

　중국공산당은 3개 대표 노선으로 새로운 세기의 중국과 공산당의 지향점을 정립했다. 특히 덩샤오핑 사후 중국공산당은 더 이상 그의 권위에 안주 할 수 없었다. 어려운 개혁개방의 도로에서 수호신의 부재는 지도력의 심각한 위기를 말하는 것이었다. 덩샤오핑의 이미지가 주는 개혁개방에 대한 확신만으로 더 이상 버틸 수 없는 시점까지 도달했던 것이다.

　이 문제에 대한 중국공산당의 고민과 해답을 보여주는 것이 2000년 봄 장쩌민 국가 주석에 의해 제기된 3개 대표 노선이다. 2000년 봄 장쩌민은 중국공산당이 '중국의 선진 생산력의 발전 요구, 중국 선진 문화의 전진 방향, 중국의 가장 폭 넓은 인민의 근본 이익을 대표하기만 한다면' 앞으로도 중국공산당의 미래가 보장될 것이라고 말했다.

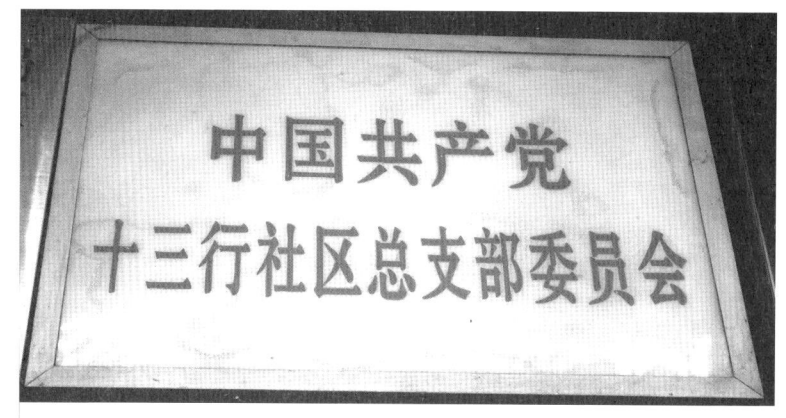

중국공산당 지역위원회 현판(광저우)

그 이후 이 3개 대표 노선에 대한 강조가 본격화되었고, 2001년 9월에 열린 중국공산당 전체회의에서 당헌에 삽입됨으로써 마르크스 레닌 '주의', 마오쩌둥 '사상', 덩샤오핑 '이론'의 뒤를 이은 중국공산당의 지도 이념의 하나로 공인되었던 것이다. 물론 당내 좌파들은 이 이론이 공산당의 정체성을 전면 부정하는 것이라며 강력히 반발했었다.

4. 인민해방군

2008년 12월 광저우 사몐沙面공원에는 국방의 의무를 환기시키는 큰 플래카드가 나부끼고 있다. '조국 보위는 우리 모두의 책임' '한 사람의 입대는 집안의 영광' - 공원에 국방의 의무를 선양하는 플래카드가 동원되었다는 것은 무엇을 의미하는 것일까? 하남성의 수도인 정저우鄭州시내 육교에는 '군관민이 한마음 한 뜻'이라는 플래카드가 걸려있었다. 군대가 많이 좋아졌다는 군대의 선무작업을 얼마나 신뢰할 수 있을지? 인민해방군의 엘리트화가 빠르게 추

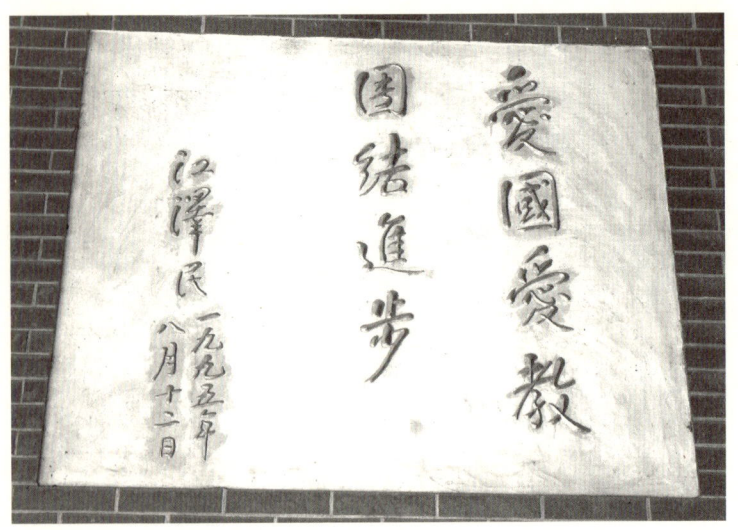

교문 옆에 새겨진 국가 주석의 휘호. "나라 사랑하기[愛國]와 가르치는 것 사랑하기[愛敎]를 병렬시킨 글로, 장쩌민 국가주석의 글씨이다. "나라 사랑하기와 가르치는 것 사랑하기 - 단결 진보"(베이징)

진되고 있음에도 아직 만족할만한 수준에 도달하기에는 시간이 필요해 보이는 것이다.

1949년 중화인민공화국 수립까지 인민해방군은 사회주의 혁명의 최고 동력이었다. 몇 년 전 톈진에서 인민해방군의 전쟁기념관을 둘러보았던 적이 있다. 전시된 사진을 비롯한 각종 자료를 통해 볼 때, 전쟁 영웅에 대한 중국인의 존경은 놀라운 수준이었다. 가족과 후손에 대한 예우도 확실했다. 국가를 위해 싸운 군인이었다는 사실과 건국에 공로를 세웠다는 증거가 자손만대까지 자랑스럽게 전달될 수 있도록 자료를 잘 보관하고 있었다. 그것을 살펴보고 있는 관람객조차 간접적으로 우쭐해지고 자랑스러워지는 대접이었다. 사회주의 국가에서는 혁명의 동력이라는 점에서 군의 우위가 인정된다. 모든 측면에서 군이 먼저라는 북한의 선군정치 역시 같은 맥락에서 이해할만하다.

"너집 내집이 국가를 사랑하고, 군인이 되어 나라를 지키는 것은 모두를 위하는 것이다."(광저우)

중국의 인민해방군은 인민에 대한 봉사와 국가보위의 임무를 충실히 함으로써 중국 인민의 친근한 벗으로 인식되어 왔다. 하지만 건국 이후 점차 그 막강한 권력 때문에 '인민'들에게 두려운 대상으로 각인되기 시작했다. 마오쩌둥이 권력은 총구에서 나온다고 한 이후, 장기간에 걸쳐 추진된 군우대 정책이 해방군의 오만한 이미지를 만들어 낸 것이다.

한 때 중국에서는 군인과 절대 다투지 말고, 인민해방군의 차량과 교통사고를 내지 말라는 충고가 성행했다. 민간인 쪽이 잘못을 뒤집어 써야하고, 심지어 군인들로부터 몰매를 맞는다는 것이다.

결정적으로 인민해방군은 1989년 '6·4천안문 민주화운동'에서 시위 군중을 학살 진압함으로써 이른바 '인민'을 해방시킨 인민의 군대라는 이미지는 크게 손상 받았다. 중국공산당은 2002년부터 대대적으로 인민해방군의 이미지 쇄신작업을 추진하고 있다. 이와

이미지로 읽는 중화인민공화국

공원의 플래카드들. "한 사람의 입대는 집안의 영광" "조국 보위는 우리 모두의 책임"(광저우)

함께 중국은 방만한 군사조직을 재정비하기 위해 고령의 간부들을 퇴역시키고 병력자원의 수를 줄여 정예화하기 시작하였다.

나아가서 2004년 2월에는 중국 역사상 처음으로 군대의 범죄예방을 위한 인민해방군 범죄예방조례가 제정되었다. 인민해방군을 제외하고 중국 내에서 최고 화력을 보유한 무장경찰 역시 이 조례의 적용을 받도록 했다. 이제 군부도 개혁이라는 칼날을 피해갈 수 없는 시점이 분명히 도래한 것이다.

인민해방군의 병사를 국가 엘리트로 채우겠다는 중국의 야심찬 계획은 한 때 대학생들의 호응으로 예상외의 성공을 거두었다. 이 같은 추세가 계속될 경우 그동안 많지 않았던 학사학위 보유 병사들의 수는 폭발적으로 늘어날 것으로 전망되었다. 하지만 실제 조사에 따르면 명문대 졸업자들은 군 입대보다는 외국투자 기업이나 해외 유학을 압도적으로 선호하는 것으로 나타나고 있다.

5. 중화주의

몇 년 전 중국 모 대학의 외국인 기숙사 앞에서 중국인 학생과 대화를 나누었다. 민주·법치의 중요성을 말하고, 한국에 대한 중국 문화의 영향에 대해 솔직하게 의견을 나누었다. 아니나 다를까 중국인 학생은 사사건건 중국문화의 우월성을 말하고 있었다. 나아가서 한국문화를 중국문화의 아류로 보는 중국인의 보편적 고집을 감추지 않고 있었다. 그렇게 확정 편향으로 무장된 중국인들과 대화하기 위해서는 매우 강한 인내심이 필요하다. 나는 중국인들이 문화의 상호성에 대한 이해가 부족하다는 점을 강조했다. 보편적으로 중국인들은 문화의 상호 관계에 대하여 무지한 편이다.

● 중국인들의 시각

최근 중국의 젊은이들과 대화를 하다보면, 그들은 강릉시가 유네스코로부터 세계문화유산으로 승인받은 단오제를 자주 제기한다. 박사반 학생들까지 심각한 어조로 이런 문제 때문에 한중 양국의 관계가 경직된다는 식의 발언을 한다. 자국의 문화를 도둑맞았다는 것이다.

그들의 항의에 나는 명칭이 같다고 해서 똑같은 문화라고 생각하지 말라고 한다. 이제 단오 행사는 이제 각국의 고유한 문화로 보아야 한다고. 즉 단오의 출발은 중국지역에서 되었겠지만, 전래된 이후 그것이 변화하여 한국에는 한국식의 단오문화가 생겼다고. 그것에 대해 유네스코가 인정해 준 것이라고. 그렇게 말해주면 어느 정도 이해하는 표정이다.

그 다음으로 그들이 자신 만만하게 꺼내는 문제는 2008년 베이징 올림픽 당시 한국의 SBS가 개회식 리허설 장면을 미리 방영한 것이다. 이웃 나라의 일개 방송사가 수년 동안 준비해 온 국가 행사를 미리 보도하는 바람에 자존심이 많이 상했다는 항의다. 나는 한국의 언론 시스템은 중국의 그것과는 많은 차이가 있다고 하여 그들의 분노를 삭혀준다. 정부가 하지 말라고 하면 보도를 할 중국의 언론은 거의 없는 것 아니냐고! 한국의 언론은 정부가 하지 말라고 시켰다는 것까지 보도하는 정도라고. 그리고 언론사 간 살벌한 경쟁 체제라고.

타이완의 사상가 천광싱陳光興은 유구한 전통과 장기간의 거류, 민족 언어와 문화지리의 연속성을 부정해버릴 수 있는 사람은 아무도 없다고 했다. 하지만 더욱 중요한 것은 '우리' 문화 혹은 우리 국가가 1등이어야 한다고 주장하지 말아야 한다[9]고 했다. 이런 객관적인 균형 감각을 일반 중국인들에게 기대한다는 것은 사실상 어렵다.

2006년 여름에 홍콩의 지도교수 부부가 다녀갔다. 졸업 이후 홍콩에서 자주 뵙고 많은 가르침을 받고 있지만, 서울에서 모시기는 처음이라 4박 5일 동안 내 딴에는 열심히 안내하고 설명했다. 선생님은 역시 학자답게 매우 객관적이고도 긍정적인 시각으로 우리문화를 바라보았다.

문제는 한국문화에 대한 사모님의 시각이었다. 사모님은 온전히 전통적 중화사상에 기대어 왜곡되고 편협한 시각을 시종일관 드러내고 있었다. 가령 경복궁은 중국의 건축물을 모방했는데 규모가 작다고 하고. 또 홍콩에서 한국 텔레비전 드라마 〈대장금〉을 보았는데, 그곳에 모든 한국음식이 총출동 한 것 아니냐고 했다. 조리방법이 매우 단순하던데, 여러 가지 재료를 한꺼번에 넣고 끓여내는 것뿐이더라는 등 모두가 우리 문화를 잘 모르거나 인정하지 않기에 나올 수 있는 말이었다. 자신이 모르는 것을 쉽게 부정하는 것은 동서고금의 인지상정인 듯하다.

나는 우리의 것을 설명해주고 보여주고 맛보게 했다. 자금성이

전통적으로 중국은 중화주의 그러니까 자신이 세상의 중심이며 가장 중요하다는 생각때문에 주변국의 독자성을 인정하지 않았다. 학교 정문 전광판에 보이는 "단결 전진, 진흥 중화"라는 표어.

크다고는 하지만, 중국과 한국의 면적 비율을 따지면, 중국의 자금성보다 한국의 경복궁이 훨씬 더 크다고! 자금성은 외부인을 겁주기 위한 권위를 우선 내세우는 공간인 반면에, 경복궁은 사람이 편안하게 살 수 있는 공간이라고! 아울러 경복궁은 처마 · 창문 · 마루 · 잡상 · 담장 · 굴뚝 하나하나가 모두 우리 방식으로 설계된 것이라고!

이어서 평범한 한정식당으로 모시고 가서 나오는 대로 설명했다. 나오는 반찬마다 조리방법이 독특하고 맛있다는 찬사를 하기 시작했다. 그리고 국 · 부침개 · 구이 · 튀김 · 무침 · 볶음 · 삶은 것 등등 다양한 방법으로 조리된 모든 음식을 깨끗하게 먹었다. 마지막 날에는 민속촌으로 갔다. 사모님은 민속촌의 각종 건축물을 자세히 훑어보고 정문을 나서기 직전 이렇게 한마디 했다. "한국의 전통 건축물은 자연보다 더 자연스럽네요!"

중국인들은 동아시아 문화에 대한 주인 의식이 매우 강하다. 그들은 문화는 한 방향으로만 흐른다고 생각한다. 고대부터 우리나

이미지로 읽는 중화인민공화국

라와 중국은 지정학적 특성상 수많은 교류를 해오고 있다. 한자나 종이 그리고 목화씨가 중국에서 우리나라로 전래되어 왔지만, 우리 문화도 조공 무역을 통해 그들에게 전해졌다. 아울러 문화는 일단 전해진 뒤로는 자국의 소유권을 주장할 수 없는 불문율을 지닌다.

우리도 마찬가지다. 백제가 일본에 무엇을 전해주었다는 옛 노래를 반복하는 것이다. 백제가 일본에게 많은 문화를 전해주었다고 해서 일본 문화가 우리나라 문화인 것은 아니다. 사상가 고자카이는 문화는 반드시 변화한다고 했다. 그리고 태고로부터 이어지는 전통이라는 것은 대개 나중에 각색된 허구에 불과하다[10]고 했다. 문화는 변화하는 것이다. 또 주고받는 것이기 때문에 주인이 따로 없다.

● 염황 자손

2005년 5월 6일, 대만 야당인 친민당의 쑹추위宋楚瑜 총재가 중국의 섬서성 시안西安 황제릉黃帝陵에서 '조상의 큰 덕은 만고에 끼치니, 염황炎黃의 자손은 그 뿌리를 잊지 않고 대륙양안의 일가가 친목을 이룬다'는 제문을 올렸다. 중국을 공식 방문한 그의 첫 번째 일정이었다. 그는 중화의 자손을 내내 강조하면서 대륙 양안 모두가 중화인의 기상을 21세기에 드높이자고 했다.

이 날 행사는 CCTV를 통해 전국에 생중계 되었고, 대륙과 대만의 주요 언론은 중화의 시조를 받드는 그의 모습을 대서특필했다. 천하제일릉이라고 불리는 황제릉은 일찍이 1992년부터 중국인(해외 중국인 포함)들의 헌금으로 단장되었다. 2004년부터는 정부가 공식적으로 제사를 올렸는데, 2004년의 참배객은 50만 명을 기록했다.[11]

21세기 대륙 양안의 화해와 협력은 황제로부터 시작되고 있다. 양안간의 냉전은 대만 야당 대표들의 중국방문으로 빠른 속도로

정부가 주도하고 민간이 적극적으로 참여하는 양상으로 각종 신화 프로젝트가 추진되고있다. (베이징)

화해 무드로 나아가고 있다. 뿐만 아니라 대륙·대만·홍콩 등의 양안삼지를 포함해서 세계 모든 중국인의 모임에서는 염황 자손이라는 단어가 수십 번씩 제기된다. 전설상의 한족 시조인 염제와 황제가 제기되고 있다면, 그 곳에 중국인의 모임이 진행되고 있는 것으로 보아도 무방하다.

최근 중국정부는 중화사상이나 한족의 우수성을 강조하고 있다. 그 구심점으로 한족의 시조라고 알려져 있는 황제黃帝를 부각시키고 있다. 중국인이라는 동질성을 확보해야 할 필요가 있는 곳이라면 염제炎帝와 황제 그리고 염황 자손이라는 네 글자는 반드시 함께 하는 것이다. 특히 국가의 치욕을 잊지 말라고 당부하는 표지판 등 중국인의 단결을 호소해야 하는 자리라면 염황 자손이라는 어휘는 빠지지 않는다.

정부가 주도하고 민간이 적극적으로 참여하는 양상으로 각종 신화 프로젝트가 추진되고 있다. 2008년 4월 2일 하남성 정저우鄭州 황하유역에서 염제와 황제의 거대 동상 완공식이 개최되었다. 106미터에 달하는 얼굴상은 뉴욕 자유의 여신상보다 8미터 높은 세계

이미지로 읽는 중화인민공화국

최대의 석상이라고 한다. 관계 당국은 전 세계에 퍼져 있는 염황 자손들의 상징으로 자리 잡기를 희망했다.

모두 민족 대통합을 목표로 추진하고 있는 작업이다. 역사학자 박노자에 의하면 현대의 민족주의는 전통사회의 유교와 비슷한 기능을 맡고 있다. 그리고 민족주의는 인간의 천부적인 소속감을 이데올로기화해 세상만사를 우리와 남의 것으로 철저하게 구분한다는 것이다. 그만큼 이데올로기 도구로 이용하기에 편리하다는 것이다.[12]

전통적으로 중국은 중화주의 그러니까 자신이 세상의 중심이며 가장 중요하다는 생각 때문에 주변국의 독자성을 인정하지 않았다. 동아시아를 비롯한 동남아시아까지도 정치적으로 자기들의 보호 아래 있었으니 문화적으로도 당연히 중국 문화의 연속이라고 생각하는 것이다. 역사적으로 인근국가와 하루도 관련이 없었던 적이 없었으니 자신들의 시각으로 보면 남의 역사도 자신의 역사가 되는 것이다.

중국은 과거 대등한 입장에서 무역을 한 적이 없었다. 항상 다른 나라에서 조공을 바치면, 중국은 그에 상응하는 선물을 하사하는 형식이었다. 주변 국가에서는 일정한 시기 마다 중국에 사신을 보내고, 그와 함께 대규모의 사신과 물품이 따라간다. 중국 황제에게 주변국의 특산물을 바치면, 황제는 그 가치에 상응하는 물품을 하사했다. 근대 개항 초기 서양과의 교역에서도 대등한 교역은 인정하지 않았고, 조공 무역의 형태는 수백 년 동안 계속 되었다.

문화의 교류에 대한 불충분한 인식이나 왜곡은 중국의 교과서에서 뚜렷하게 볼 수 있다. 하지만 무엇보다도 중요한 것은 주변국에 대한 중국의 인식수준이다. 중국은 우리 역사에 대해 왜곡시키거나 축소하여 소개하고 있다. 고구려를 비롯한 발해와 고려 그리고 조선은 지방정권이나 속국처럼 묘사하고 있다. 자국의 영향력을 확대하기위한 수단으로서의 역사학 개념은 중국에서 자리 잡은 지 오래이다.

실제로 그들은 영토분쟁 때마다 그 방법을 활용하여 왔고 그 때마다 큰 성과를 거두어 왔던 것이다. 중국은 오래 전부터 러시아 · 베트남 · 인도 등 주변국과의 국경선 분쟁을 해왔고, 지금도 여전히 계속되고 있다. 자국의 영토를 확대하기 위해서는 주변국의 역사를 자기화하는 방법이 가장 적극적인 방어수단임을 철저히 깨달은 결과이다. 2009년 들어서 중국의 관련학회와 정부가 만리장성 늘이기에 적극 나서고 있는 것도 그 실례가 된다. 이제 만리장성의 동쪽 끝은 기존의 산하이관山海關이 아닌 압록강변의 단둥丹東까지 이어지고 있다.

근대 사상가 루쉰이 보기에도 가장 시급한 점은 '중화 중심주의'를 타파하는 것이었다. 그것이야말로 중국 전통 문화에 '지고至高 · 지상至上 · 지선至善 · 지미至美'의 신성성을 부여했다고 보았다.[13] 하지만 지금 이 순간까지도 여전히 대다수의 중국인은 자기가 최고라는 중원 중심주의의 단맛을 포기하지 않고 있으며, 정부는 정부대로 정권의 정통성 강화를 위하여 그것을 철저하게 이용하고 있다.

이제 중심 의식 보다는 변경 의식이 빠른 변화에 적응하기 쉽다. 내가 세상의 잣대임을 고집하고 그것에 연연하는 동안 세상은 다른 모습으로 저만큼 달아나는 것이다. 고집스러운 양반 의식이야말로 무한한 상상력을 제한하는 장애물이다. 그런 점에서 '동쪽 오랑캐'인 우리의 할 일이 매우 많다. 이것이야말로 한류가 중국에 부는 이유라고 할 수 있다. 그들이 중심주의라는 테두리에 갇혀 있을 때, 변경에 거주한다고 인식하는 우리의 상상력은 이미 창공을 날고 있기 때문이다. 중국이 일방적으로 우리에게 천년 이천년 동안 문화를 주었다고 한다면, 지금부터는 우리가 일방적으로 중국에 문화를 전파하게 될지도 모른다. 문화는 움직이는 것이니까.

이미지로 읽는 중화인민공화국

6. 홍색 천하

지금 중국의 대도시는 빨간색 플래카드로 덮여있다. 플래카드는 일률적으로 빨간 바탕에 노란색이나 하얀색 글씨로 되어 있다. 그 중에서도 빨간 바탕에 노란 색 글씨의 플래카드가 지배적인데, 가만히 보면 중국 국기인 오성홍기의 색깔과 같다. 오성홍기의 바탕은 빨강이고 별 다섯 개는 노랑이다. 전국 어디서나 플래카드는 빨간색을 바탕으로 하고 있어, 색깔이 법률로 통제되고 있다는 생각이 들 정도이다.

그 뿐만이 아니다. 술 포장도 담배 포장도 과자 포장도 가게 간판의 글씨도 빨간색이다. 홍보용 플래카드와 전단지·책 표지까지 빨간색인데, 빨간색은 사람들의 시선 장악을 위한 철저한 노력을 경주하고 있다. 원래 빨간색은 눈에 띄는 색인데 도시 전체가 빨강으로 포장되어 있어 이제 그것은 더 이상 고유한 구실을 하지 못하고 있다. 사회 전체가 빨간색으로 통일되고 있음은 분명히 문제가 있다. 그것이 규정이라면 규정이 문제일 테고, 그것이 고정관념이라면 그것 나름대로 문제가 있는 것이다.

● 이데올로기로서 홍색

일률적 색깔이 사회의 건전성과 다양성을 해치고 있다는 느낌을 떨칠 수 없다. 색채 다양화가 사고의 형평성과 직결된다고 볼 때, 빨간색으로 시민들을 통제하고 있다고 본다. 집착에 가까운 빨간색 애호는 나 같은 외국인에게는 이데올로기로 다가온다. 도대체 왜 빨간색에만 집착할까? 그 속에 담긴 이데올로기는 무엇일까? 전통적으로 중국인들이 선호하는 길상의 상징일 뿐인가?

우선 정서 흥분이라는 효용적 가치를 고려했을 것이다. 즉 빨간색은 시각적으로 사람이나 동물을 흥분시킨다. 모두가 한 곳으로

홍쌍희(紅雙喜)는 원래 두(雙) 가지 기쁜(喜) 일을 의미했지만, 현재는 결혼식에 주로 사용되어 쌍방의 기쁨을 표시한다. 이 집에는 십중팔구 신혼부부가 산다.

가야할 때 빨간색 깃발이 가지는 의미는 파란색보다 훨씬 크다. 사람을 한 사람이라도 더 끌어 모으고, 군중을 내가 원하는 방향으로 유도하고 싶을 때 휘둘러야 할 색깔인 것이다. 사회주의 국가의 국기가 빨간색인 이유는, 혁명을 위하여 흔들어야 할 때 꼭 필요한 색이 빨간색이기 때문이다. 그래서 빨간색은 사회주의 국가를 상징한다.

우리나라에서 상대방을 가장 아프게 할 수 있는 말은 '너 빨갱이이지?!'일 것이다. 이것의 근원은 바로 우리들의 레드 콤플렉스에 있다. 지금도 빨간색은 그렇게 우리를 위협하고 있다. 하지만 중국에서 빨간색은 국기인 오성홍기를 보듯이 지존무상의 색이다.

빨간색 천지의 중국 대도시를 보면서 나는 거대 담론을 떠올린다. 빨간색은 그것을 바라보는 이의 심리적 흥분을 유발한다. 정서의 고양작업을 위해 꼭 필요한 색깔인 것이다. 중국에서 정치적이든 경제적이든 여전히 거대 담론들이 횡행하고 있고, 누군가에 의해 한 방향으로 감정이 유도되고 있다는 뜻이다.

빨간색은 이성적 마인드보다
감성적 마인드를 고취시킨다.
문구점의 빨간색 달력들(광저
우)

● 정서의 강요

　그것의 이해를 위해 몇 년 전 우리나라 수해 사건을 보도하는
텔레비전 뉴스를 예로 들고 싶다. 큰물이 지나간 자리에는 좋은 돌
이 나타나는 법인데, 그 돌을 찾아 헤매는 자들을 미친 사람으로
취급하는 보도를 했다. 우선 동네 아저씨 한 사람 구슬려서 '우리는
복구에 안간힘을 쓰는데, 저렇게 마을 입구에 나타나 나 보란 듯,
한가하게 수석을 줍고 있다니'하는 장면이 나온다. 곧이어 뜨거운
해를 이고 등에 돌 몇 점을 짊어지고 있는 아줌마에게 기자는 냉소
적으로 묻는다. '이 돌 팔면 얼마나 받으세요?' 아줌마는 돌발적인
질문에 비장하게 답한다. '직접 한번 팔아보소! 얼마나 되나?'

　모든 피해는 반드시 복구해야 한다. 복구하는데 온 힘을 모아야
한다. 그것이 진리다. 하지만 온힘을 보태는 것, 그것이 작금 사회

광저우의 어느 쌀가게, 가격표를 적은 종이들조차도 두말 할 것 없이 빨간색이다.

의 보편적인 진리라고 해서 강압적으로 우리 모두의 정서를 지배하려고 해서는 안 된다. 우리가 가진 돈이나 노력으로 피해를 입은 그들을 도와주는 것은 당연하다할 것이다. 하지만 도와줄 수 없는 처지의 사람에게까지 남들을 도와주지 않는다고 매도할 수는 없다. 뉴스에서 폭압적인 방법으로 행해지고 있는 정서의 보편적 강요를 보았다.

몇 해 전 중학교에 다니던 우리 아이가 학교 수련회를 다녀와서 했던 이야기이다. 그 수련회에서도 어김없이 캠프파이어를 했고, 그것이 끝날 때쯤 부모님을 생각하는 시간을 가졌단다. 수련회 지도교사가 마이크를 잡았다. 심각한 목소리로 아빠는 우리들을 위해 새벽에 회사에 가서 한밤중까지 피곤한 몸으로 일하고, 매일매일 높은 사람의 눈치를 보며, 일찍 귀가하고 싶어도 상사가 술자리에 가자면 술자리에 가고, 노래방에 가자면 노래방에 가서 넥타이를 풀어 머리에 매고 억지로 노래를 한다고 했단다.

또 엄마는 두부 한모를 살 때, 백원을 깎으려고 애를 쓰며, 버스비를 아끼려고 두세 정거장은 걸어 다니고, 그 아낀 돈으로 우리들

이미지로 읽는 중화인민공화국

베이징 798지역 상점의 예술 작품. 작품 전체가 빨간색이다.

에게 아이스크림을 사준다고 했단다. 몇몇 아이들이 적극적으로 호응하여 눈물을 글썽이는가하면 심지어 소리 내어 엉엉 우는 아이들까지 있었단다. 교사들은 돌아다니면서 감시를 하였고, 그 어색한 분위기가 너무 싫은 학생들은 장난을 쳤단다. 그러면 그 교사들은, 나는 개인적으로 저런 학생들이 제일 싫어요! 자기 혼자 딴생각하면 되지, 왜 옆에서 소중한 부모님을 생각하고 있는 친구들까지 끌어들여서 떠들고 있어요!? 라고 했단다. 이건 아니다. 낭만은 스스로 창조하는 것이지, 타인에 의해 낭만이 강요될 경우 그것은 이미 횡포가 된다. 그것도 저질스런 횡포 말이다. 이런 횡포가 중국에서는 더욱 보편적으로 강요되고 있는 것이다.

● 홍색의 역사

　1920년대 유행한 혁명문학론의 주선율인 혁명+낭만이 중국에서 90년 동안 계속되고 있다. 즉 혁명을 공감시키기 위해 눈물샘을 자극하는 것이다. 인간의 감정에 호소하기는 모든 예술 작품이 지향하는 바이지만, 사회주의 혁명문학에서는 그것이 큰 비중으로 강조되고 있다. 혁명문학은 혁명이라는 정확한 목표를 가지고 있다. 즉 문학도 예술도 혁명을 완수하기 위한 수단이 되어야 한다는 것이다.

　따라서 사회주의 혁명문학에는 낭만주의 요소가 매우 큰 비중을 차지하고 있다. 낭만주의적 요소가 없을 경우 대중은 감동하지 않고 나아가서 동요하지 않는다. 대중의 참여가 없다면 혁명의 성공은 아예 물 건너가는 법이다. 특정 목표를 위해 대중을 감동시키기에 가장 좋은 방법은 대중의 눈물샘을 자극하는 것인데, 이 경우 과장된 감정 표현이 필수 불가결한 것이다.

베이징 798지역 포스터, 마찬가지로 빨간색 바탕이다.

　몇 년 전 톈진天津이었던 것으로 기억한다. 서점에서 돌아온 후 방에서 텔레비전을 시청하고 있었다. 더워서 나가기 싫었다는 생각이 나는 걸 보면 그 도시에 어느 정도 익숙해 진 시점이었을 것이다. 마침 방영되고 있는 드라마를 보았다. 실로(?) 감동적이었다. 교사의 사랑으로 다시 태어난 학생들 이야기였다. 교사의 사랑에 보답하기 위해 그의 생일날 교실에서 촛불과 케이크를 준비해서 파티를 열었다. 교사를 맞이하는 학생들 모두는 손에 촛불을 들고 존경이 철철 흐르는 눈빛으로 바라본다. 그에 호응하는 교사의 눈에는

빨간 색은 충동 구매를 유발한다. 온통 빨간색으로 장식된 광저우 슈퍼마켓.

그동안 자신의 애를 그토록 타게 했던 장면이 하나하나 오버랩 되고 있었고, 문제의 학생들 역시 자신들의 얼굴에 그동안의 잘못을 반성하는 표정을 역력히 실은 채 교사의 얼굴을 차마 응시하지 못하고 있었다.

　교사는 그야말로 감동 감격한 얼굴로 눈물을 흘리고 있었다. 눈물 없이는 볼 수 없는 명장면임이 분명하였다. 소위 오버하고 있는 드라마가 틀림없었다. 과장된 연기력인 '나 잡아봐라'의 전형이다. 그대로 신파극이었다. 계몽을 의식한 '감동 자아내기'는 신파조나 선전 선동이 되어 버린다. 이제 계몽은 나락의 구렁텅이로 떨어졌다. 나 자신이 감정에 조금 둔감하다고 생각해 왔지만, 이 드라마는 감정 오버에 관한 한 분명 연구 대상이었다.

　사회주의 혁명문학을 창작할 때 최우선 고려 대상은 독자이다. 왜냐하면 일반 독자가 작품을 보고 참을 수 없는 분노를 일으켜 부르주아를 타도하는 데 앞장서도록 해야 하기 때문이다. 따라서 스

대다수 식당의 카펫이 빨간색인 이유는 손님의 정서를 고양시켜 음식을 더 많이 시키는쪽으로 유도하기 위함이다. 좌우상하를 막론하고 모든 간판이 빨간색인 광저우의 식당.

토리 구성이 복잡하거나 사건 전개가 매우 논리적이거나 주인공이 대단히 이성적일 경우 성과는 미미할 것이다. 그 작품을 읽는 독자가 감동할 확률이 현저히 떨어지기 때문이다. 그런 작품의 독자도 매우 이성적으로 사고하기에 실제 상황에서도 주저할 것이 자명하다.

그러므로 사회 내 극좌적 분위기가 농후할수록 문학을 포함한 예술은 목표가 과장되어 보는 사람의 심금을 울리는데 만 집착하게 된다. 이런 목표를 한마디로 예술의 정치적 효용성이라고 한다. 효용성을 극대화하기 위해서는 과장된 연기력이 필요하다. 과장된 연기력은 낭만주의의 전형적 수법이다.

● 억지 감동 자아내기

억지 감동 자아내기 수법은 2003년 8월 대구에서 개최된 세계 유니버시아드대회에 온 북한 응원단의 경우에서도 눈치를 챌 수 있었다. 인간의 평등이 강조되는 사회주의에서 얼굴이 예쁘다는 것만으로 특별대우를 받는 일은 드물다. 하지만 단 한 가지 분야에서 미녀가 중용된다. 예술분야인데, 혁명을 위한 예술 사업에 미녀가 동원되는 것이다. 시청자들의 눈물을 유도하기 위해 그들은 미녀를 이용한다.

303명의 북한 응원단은 모두 미녀 대학생으로 구성되어 있었다. 하나같이 빼어난 미모였던 그들의 방문으로 남한 사회 전체가 흥분에 들떠있었다. 언론은 그 속성대로 연일 그들의 미모에 초점을 맞추었고, 전 국민은 곧 통일이 될 것처럼 들떠 있었다. 통일은 미녀와 낭만적으로 동일시되고, 그들의 아름다운 모습으로 북한식 독재에 대한 반감은 낭만적으로 중화되었던 것이다. 그것이 북한 정권이 남한에 미녀 응원단을 파견한 목적이었다.

도대체 응원단이 왜? 미녀로만 구성되어야 하는가! 북한 미녀들은 입만 열면, 통일·통일·통일을 말했다. 누가 어떤 질문을 하든 그들은 눈물이 그렁그렁한 채로 통일을 말했다. 통일의 중요성을 모르는 남한의 주민들이 그저 안타까울 뿐이라는 식이었다. 그들은 남한의 통일 정서 고양을 반복해서 요구하고 있었다. 적어도 그들의 발언에서 느낄 수 있었던 것은 그것밖에 없었다. 즉 북한의 미녀들은 통일을 과장되게 연기하여, 남한 관객의 동참을 신파조로 요구했던 것이다.

빨간색이 전 사회를 지배하고 있는 중국에서 그것은 사회주의 혁명이 여전히 지속되어야 한다는 고집의 발로일 수도 있고, 감정적으로 중국인들의 정서를 고양시키기 위한 간단한 방법일 수도 있다. 사회주의는 혁명을 선양하고 대중들의 정서를 유도하고 고양시키는 과정이다. 가장 필요한 작업이 선전과 선동인 것이다.

1949년 10월 1일 중국은 사회주의 단계로 진입했다. 중국의 사회주의 역사는 이때부터 시작되는 것이다. 사회주의의 시작은 국민들에게 곧 평등하고 공평한 사회가 올 것이라는 큰 희망을 주었

도심의 "국방 교육 거리"(광저우)

다. 하지만 똑같이 일하고 똑같이 받는다는 것은 근본적으로 불가능하다. 인간의 노동량을 측정하는 것부터 인간의 이기심을 제어하는 것까지 어려운 일이 한둘이 아니다. 인간의 이기심은 끝이 없기 때문에 사회주의 체제에서 의식 개조 운동은 끝없이 계속되는 것이다. 사회주의 체제가 지속되는 한 각종 사회운동은 반복될 수밖에 없다. 빨간색은 그 때 필요한 색깔이다.

　빨간색은 우리의 정서를 최대한 고양시켜 목적을 달성시키려는 수단이다. 대다수 식당의 카펫이 빨간색인 이유는 손님의 정서를 고양시켜 음식을 자신의 양보다 많이 시키는 쪽으로 유도하기 위함이다. 상품을 많이 팔아야 하니까 빨간색으로 해야 하고, 플래카드를 더 많이 보게 해야 하니 빨간색이다. 빨간색은 이성적 마인드보다 감성적인 마인드를 고취시킨다. 사람을 충동적으로 만든다. 그래서 식당에는 빨간색 카페트가 신혼부부에게는 빨간색 이불이 필요하다. ∎

이 미 지 로   읽 는   중 화 인 민 공 화 국

1. 덩샤오핑[14)

주제를 청춘과 개혁개방의 동행으로 하는 시가 산문 대회가 학생 동아리 연합회 주최로 열린다는 광고가 2008년 11월 초순 호북성 우한武漢 소재의 우한대학 학생 기숙사 근처에 게시되어 있었다. 2008년은 개혁개방 30주년이 되는 해이다. 따라서 방송에서는 물론이고 곳곳에서 30년의 화려한 성과를 축하하는 행사를 볼 수 있다. 당연히 그 주인공은 개혁개방의 총설계사로 공인받고 있는 덩샤오핑鄧小平이 될 수밖에 없고 도시 곳곳에서 그의 사진과 함께 관련 행사를 소개하는 포스터를 볼 수 있었다.

개혁개방 30주년 기념 특집호로 발행된『남방 주말』2008년 12월 11일자에서는 1992년의 인물로 덩샤오핑을 꼽고 그의 남순 강화가 바로 이후 16년 역사의 DNA라고 했다. 당시 88세였던 덩샤오핑이 역사를 바꾸어 놓았다는 평가인 것이다.

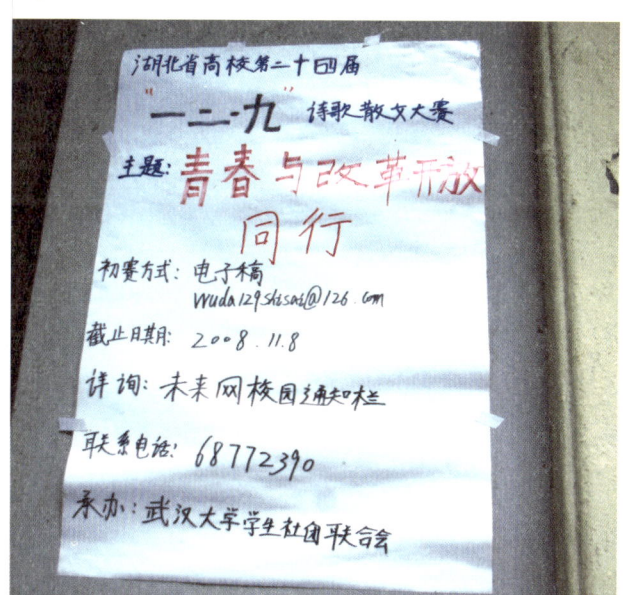

"청춘과 개혁개방의 동행"
시가 산문 대회(우한대학)

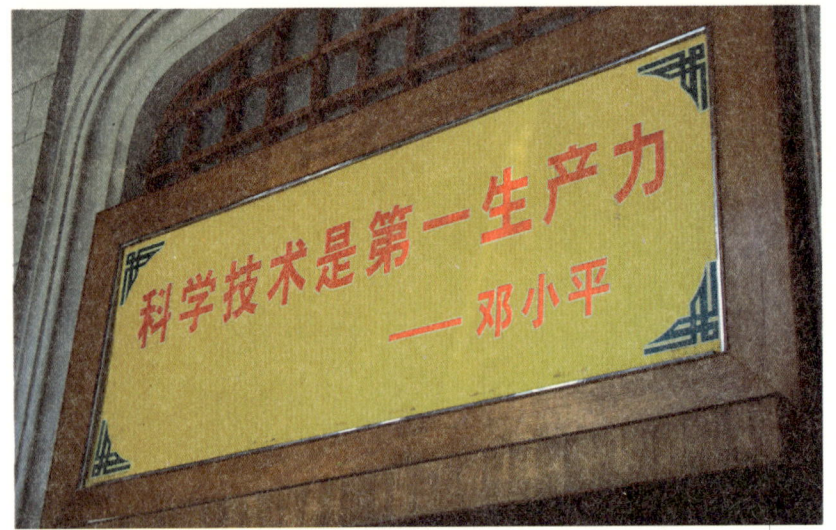

식당 벽면을 장식하고 있는 덩샤오핑 어록 "과학기술이 제일의 생산력이다. - 덩샤오핑"(광저우)

● 남순(南巡)

1992년 초 덩샤오핑은 예년과 마찬가지로 상하이에서 설을 보내고 있었다. 그는 상하이의 주요 기관 몇 곳을 시찰하면서 움직이기 시작했다. 좌파 지식인들이 개혁개방을 비판하는 데 사용하는 질문인 중국은 '사회주의인가? 자본주의인가?'를 통박하면서 중단 없는 개혁개방을 요구했다.

개혁개방을 반대하고 사회주의로의 회귀를 주장하는 것이 당시 언론 매체의 주선율이었다. 공산당 내에 개혁개방에 대한 반대의 목소리가 높았다. 심지어 당내 일각에서는 중국 특색의 사회주의는 바로 미국식 자본주의의 다른 이름으로 인식되고 있었고, 광범위한 반대 세력을 형성하고 있었다.

연초 상하이에서 덩샤오핑이 외친 목소리의 메아리는 턱없이 부족했다. 하여 그는 1992년 설을 전후하여 남쪽으로의 정치적 여행(남순南巡)을 단행했다. 1992년 홍콩에서 공부를 하고 있던 나에게 누가 덩샤오핑의 움직임이 심상치 않은데, 그의 활동을 어떻게

덩샤오핑 캐리커처(베이징 798지역)

보느냐는 질문을 했다. 그 때 나는 이렇게 대답했다. 중국의 정치
체제가 예전과 다른데 구십 노인이 무슨 힘이 있겠냐고.

중국의 정치체제를 너무 선진적으로 파악한 것이고, 덩샤오핑의
카리스마를 완전히 무시한 발언이었다. 그것은 개혁개방의 설계자
로서의 지위에 대한 무지에서 비롯된 것이었다. 이후 덩샤오핑의
남순이 보도 통제된 중국과는 달리 홍콩 언론에서는 연일 대서특
필되기 시작했다. 요인에 대한 동정보도로 짧게 나오던 소식이 이
삼일 지나자 모든 신문의 지면 대부분을 장식하고 있었다. 그의 말
한마디 얼굴 표정까지도 완전하게 기사화되고 있었다.

1989년 6·4천안문 민주화운동을 무력으로 제압한 중국정부는
국제적인 비난 여론으로 인하여 완전히 수세에 몰려 있었다. 경제
또한 각국의 제제 조치로 인하여 매우 어려운 상황이었다. 따라서
정국은 보수파에 의해 장악되었고 사회 분위기는 무겁게 가라앉고
있었다. 장기적으로 지속되고 있는 이런 분위기에 덩샤오핑을 비
롯한 개혁개방의 주도세력은 불안하고 초조한 상태였다. 개혁개방

이미지로 읽는 중화인민공화국

서점에 가득한 덩샤오핑 전기 "덩샤오핑 최후 20년"(베이징)

나아가서 중국이 그냥 주저앉을 위기로 판단했던 것이다.

2주간의 남순 과정은 한편의 영화를 보는 것처럼 드라마틱했다. 광저우를 비롯하여 개혁개방의 최대성과인 선전深圳과 주하이珠海 등지의 유명 공장을 잇달아 방문하면서 이 혁명원로는 중단 없는 개혁개방을 요구하는 사자후를 토해냈다. 흰 고양이든 검은 고양이든 쥐를 잘 잡는 고양이가 좋은 고양이라고 그리고 지금 이 걸음으로 1백년을 가자고 했다. 이후 전국적으로 개혁개방에 대한 기대가 다시 요원의 불길처럼 타올랐다.

개혁개방의 가속은 시장경제로의 전환을 재촉했고, 그것은 중국의 빈곤문제를 기본적으로 해결했지만, 빈부격차는 날로 심해졌다. 덩샤오핑은 '선부론先富論'의 제창자였다. 즉 소수가 먼저 부유해져야만 한다는 것이다. 하지만 최근 중국에서 드러나고 있는 계급간의 갈등을 보면 상황이 매우 심각하다는 것을 알 수 있다.

● 실용주의자

덩샤오핑은 1904년에 사천성에서 출생했다. 작은 키에 동그란 얼굴 때문에 사천성의 깊은 산속에서만 서식하는 판다의 화신으로

건국 60주년, 개혁개방 30주년을 맞이하여 덩샤오핑이 대대적으로 선양되고 있었다. 책 "덩샤오핑 중국을 바꾸다."(베이징)

보이는 그는 열다섯이란 어린 나이에 프랑스로 유학을 갔다. 약 3년간 체류했는데 말이 유학이지 학교를 다닌 적은 거의 없다. 굶지 않기 위해 공장에서 일했고 일하면서도 사회주의 운동에 적극적이었기에 취업과 실업을 되풀이 했다.

맛없는 검은 빵이라도 배불리 먹어본 적이 없었던 그는 1973년 부총리 자격으로 프랑스를 국빈 방문하여 시민들로부터 열렬하게 환영 받은바 있다. 귀국하면서 프랑스의 국민 빵 크로상을 대량으로 사가지고 와서 과거 프랑스에서 함께 고생했던 동지들에게 선물을 했다는 일화는 유명하다. 어떤 학자는 덩샤오핑이 일평생 실용주의 노선을 견지한 배경으로 마오쩌둥이 갖지 못했던 해외 경험을 든다.

그는 항일전쟁 내내 공산당의 팔로군에서 정치위원을 지냈으며, 그가 지휘하던 129사단은 한 번도 패배해 본 적이 없는 상승군이었다. 1949년 양자강 도하와 난징 점령 작전을 주도하여 중화인민공화국 수립에 혁혁한 공을 세웠다.

건국이후 부총리에 임명된 덩샤오핑은 국가 주석 류사오치와 함께 인센티브제 등 물질적 보상제도 도입을 주장하여 일찌감치 당내 실용주의파로 분류되었다. 1950년대 후반부터 마오쩌둥과 노선갈등을 빚기 시작하여 문화대혁명 때는 홍위병들로부터 자본주의의 수괴라는 비판을 받고 농촌으로 하방 당했다.

● 오뚝이

천안문 광장의 중앙에는 인민영웅기념비가 우뚝 서 있다. 1976년 4월 청명절, 인민의 총리로 존경받아왔던 저우언라이周恩來 총리의 서거를 애도하며 중국 인민들이 이 기념비 앞에 화환을 대규모로 진열하였다. 하지만 문화대혁명을 자신들의 권력을 유지하기 위한 최후의 방패막이로 삼고 있는 4인방은 이를 반혁명 행위라면서 강제로 치워버렸다.

이에 격노한 군중이 항의 시위를 전개하기 시작했던 것이다. 그들의 플래카드에는 마오쩌둥의 부인으로서 4인방의 우두머리격인 장칭江靑과 측근인 야오원위안姚文元 등을 비판하는 내용이 많아 문화대혁명 체제에 대한 민중의 불만을 분명하게 표출하고 있었다.

이 사건은 4인방에 의해 반혁명사건으로 철저히 탄압되었고, 그들은 당시 부총리에 복직된 덩샤오핑에게 책임을 물었다. 4월 7일 그의 모든 직무가 박탈되었고 그는 다시 숙청되었다. 이후 이 사건은 1919년의 역사적인 5·4운동을 본떠서 4·5운동이라고 부르고 있다.

결과적으로 1976년 9월 마오쩌둥이 사망하자마자 분노한 민심은 4인방을 타도했고, 덩샤오핑은 다시 권력의 중심에 복귀했다. 마오쩌둥에 의해 후계자로 공식 지명된 화궈펑華國鋒이 4인방을 숙청하였으나 그의 힘만으로는 정국수습이 어려웠으므로 당 원로들에 의해 1977년 7월 모든 공직에 복직되었던 것이다. 사람들은 숙청되고 또 숙청되어도 다시 일어서는 그를 오뚝이라고 부른다.

그를 거론할 때 개혁개방의 총설계
사라는 수식어는 빠지지 않는다.
덩샤오핑 전람회 포스터(광저우)

● 민주화 탄압 그리고 개혁개방의 설계사

천안문 광장이 다시 한 번 더 국내외의 주목을 받게 된 것은 1989년 봄이었다. 당시 베이징에서는 그해 4월 15일 총서기 후야오방胡耀邦이 사망한 후, 지식인을 중심으로 후야오방의 명예회복과 민주화를 요구하는 대규모 시위가 빈번히 일어나고 있었다. 후야오방의 민주화 노력을 기억하는 학생들은 부패와 관료주의 척결을 내세우며 천안문 광장에서 일대 궐기에 나섰다.

전국에서 모인 대학생들은 5월 13일부터 광장에서 단식 연좌시위를 계속했다. 5월 15일 소련공산당의 서기장인 고르바초프가 베이징에 도착했으나 1백만 명이 넘는 대규모 시위대 때문에 공식일정을 변경해야만 했다. 이에 당국은 학생들의 시위를 난동으로 규정하고 베이징 일원에 계엄을 선포했던 것이다.

학생들의 요구에 유연하게 대응하던 공산당 총서기 자오쯔양趙紫陽을 숙청시킨 덩샤오핑은 6월 4일 인민의 군대가 인민을 해쳐서는 안 된다는 원로들의 간곡한 만류를 무릅쓰고 시위대를 향한 발

이미지로 읽는 중화인민공화국

"봄날씨에 따뜻해진 우리집 - 광저우 개혁개방 30주년 전람회"(광저우)

포를 명령했다. 정부 발표만으로 3백여 명이 희생됐다. 1976년의
4 · 5천안문운동이 민주화운동으로 공인 받은 것에 반해, 1989년의
6 · 4천안문운동은 여전히 공식적 평가의 금기로 남아 있다.

개혁개방 30주년을 맞아 민관 공히 그를 위인의 반열에 올리
는데 주저함이 없다. 오죽하면 덩샤오핑의 손 흔드는 사진과 함께
'발전이야말로 절대 진리'라는 문구가 쓰인 초대형 간판이 전국 도
시 곳곳에 설치되어 있겠는가! 하얼빈 성 정부 앞에 설치된 광고판
처럼!

하지만 문학평론가 샤오메이 천의 말처럼 그가 경제개혁을 위
해 서양의 과학과 기술만 원했을 뿐, 서양의 정치와 법률제도들은
전적으로 거부했다[15]는 비판의 목소리도 적지 않다. 그가 살아있
다면 이제 뭐라고 할 것인가! 남순강화의 정신을 다시 제기할 것인
가 아니면 속도조절을 요구할 것인가?

대학 내 게시판 "시사초점 제6기 중공 광저우시위 선전부 - 과학 발전관을 심화 학습하고 실천하자." (광저우)

2. 후진타오

　문명이라는 어휘와 함께 요즈음 중국에서 가장 많이 사용되고 있는 단어를 꼽으라면 '조화和諧'일 것이다. 그것은 각종 문서의 서두를 장식하기도 하고 모든 집회 연설의 인사말로 등장하기도 한다. 물론 동네 입구의 게시판에도 빠질 수 없다. 친절한 해설이 함께 한다는 점이 조금 다르지만 말이다. 이해하기 쉬운 문답 형식으로 되어 있는 조화 설명 게시판은 조화 사회가 무엇이냐는 물음에 아래와 같이 답변하고 있다.

　조화는 사물 발전이 협조·균형·질서정연한 상태를 가리킨다. 조화 사회는 사회 각 요소가 상호 의존·상호 협조·상호 촉진 상태에 처함을 가리킨다. 사회주의 조화 사회는 전체 인민이 각자 능력에 따라 일하고, 각자 자기가 있을 자리에 있는 조화 공존의 상태를 말한다. 조화 사

　　　　　　　　　　　　　　　　　　이미지로 읽는 중화인민공화국

회는 인류의 영원한 생명 주제와 가치 추구로서, 일종의 신앙이자 이념이고 문화이자 실천이다. 각 민족 · 각 문명 · 각기 다른 역사 시기 마다 조화 사회에 대한 다른 이해가 있다.

이 중에서도 조화 사회에 대한 이해가 민족이나 문명 그리고 역사 마다 다르다는 마지막 문장이 돋보인다. 그러니까 모든 민족이나 문명이 똑같이 이해되어서는 안 된다는 말인데, 외국에서 중국을 재는 잣대로 중국을 재단하지 말라는 의미이다. 민족적 · 문명적 · 역사적으로 중국에는 중국의 특수한 상황이 있다는 말이다. 최근 중국 내에서 불거지고 있는 민주화 요구 그리고 소수민족 차별 문제 등에 대한 일관된 대응책인 것이다.

즉 민주화요구에 대한 정부의 탄압을 비난하는 서방 언론이나 정부의 비판에 중국 외교부 대변인이 가장 많이 사용하는 반박논리가 바로 서방의 잣대로 중국의 상황을 비판하지 말라는 것이다. 상황을 민족이나 문명 그리고 역사에 따라 다르게 이해해야 된다는 것이다. 당국은 그런 논리를 '인민'들에게 꾸준하게 학습시키고 싶은 것이다.

조화 사회는 과학 발전과 함께 현재 국가 주석이자 집권당인 공산당 총서기인 후진타오의 이념이다. 지속적인 발전 · 인간 중심 · 균형 발전으로 대표되는 과학발전관은 과학적으로 발전을 생각하자는 것이다. 동네 게시판은 과학 발전관을 제기한 이유를 말해 준다.

과학 발전관 수립은 '3개 대표' 중요 사상의 구체적 체현이며, 소강小康 사회 건설을 위한 필연적 요구이며, 중국 경제 사회 발전의 관건 시기에 직면하게 될 각종 난관을 극복하기 위한 정확한 수단이자, 당의 집권 능력과 집권 수준을 제고하기 위한 것이다.

새로운 이념 창조와 그 이념에 대한 일사불란한 옹호는 중국 사회주의의 가장 큰 특징으로 보인다. 어쩌면 그것은 개혁개방 이후 시장화로 일로 매진하면서 사라지고 있는 사회주의적 전통의 마지막 흔적일 것이다. 젊은이들이 가장 보기 싫어한다는 CCTV뉴스를 보면 중국공산당이 이념과 그것의 홍보에 얼마나 집착하고 있는지 알 수 있다.

텔레비전 뉴스는 후진타오와 함께 시작한다. 그를 위시해서 정치국 상무위원 서열 순서대로 동정이 보도된다. 정치국 서열이 뒤집히는 적은 절대 없다. 그러니까 후진타오 총서기, 원자바오 총리가 나오고 바로 다음이 차기 총서기로 알게 모르게 결정된 시진핑習近平 부주석 순이다. 정치 최우선이라는 말이다.

우리나라에서도 한 때 텔레비전 뉴스는 무조건 전두환 대통령부터 시작된다고 해서 땡전 뉴스라는 말이 유행했었다. 뉴스에 따르면 중국 지도자들은 매일 매일 지극히 중요한 회의를 하는데, 내용은 어제 것과 크게 다르지 않다. 하지만 분명한 것은 국가·애국·민족·과학 등의 거창한 담론들이 되풀이 된다는 점이다.

2008년 12월 중국 ○○대 강당, 가이드 실전 대회 결승전을 열기 전 먼저 관광학과 당위원회 서기로 소개된 주임교수가 인사말을 했다. 그는 인사말을 하면서 후진타오 총서기를 언급했고 국가와 민족을 언급했다. 역사학자 임지현은 거듭되는 국민의례를 통해 아이들의 자아는 조국과 민족의 추상화된 집단적 자아 속에 함몰된다[16]고 경고했다. 도대체 왜 대학생들의 작은 행사를 위한 인사말에 국가와 민족이 꼭 등장해야 하는지를 모르겠다. 이뿐만이 아니다. 중국의 크고 작은 행사에서는 이른바 링다오領導라고 불리는 그 조직의 지도자들이 단상에 자리 잡고, 한명도 빠짐없이 줄줄이 인사말을 하면서 국가와 민족을 말한다. 그렇게 대학생과 '인민' 개개인의 자아는 집단 자아에 매몰되고 있다.

● 후진타오의 등장

후진타오는 1992년 14차 공산당대회에서 49세의 나이로 일약 4세대 지도자로 화려하게 등장했다. 14차 당 대회를 몇 달 앞둔 시점부터 전 세계 언론은 그가 국가 최고 권력기구인 정치국 상무위원회에 최연소로 진입할 것이며, 향후 장쩌민의 대권을 이어받게 될 후계자가 될 것이라는 점을 누누이 강조하고 있었다. 후진타오의 정치국 상무위원회 진입은 바로 그가 장쩌민의 후계자라는 것을 대내외에 선포하는 것이었다.

그는 그 때부터 언론의 스포트라이트를 독차지했다. 그가 발탁된 배경이 무엇이며 정치적 후견인은 누구이며 정치적 성향이 어떤지에 대한 분석이 줄을 이었다. 중국정세 분석의 모든 초점이 그에게 집중되고 있었는데 뚜렷한 정치적 성과가 보이지 않는 그의 급부상에 대해 다양한 견해들이 쏟아져 나왔다.

심지어 어떤 전문가는 그의 관상이 좋기 때문이라고 한 적도 있다. 이런 분석에 대해 웃을 수만도 없는 것이 중국'인민'들은 지도자들 특히 최고 지도자의 얼굴에 많은 관심을 가지고 있다는 것과 당내 원로들도 그것을 중시한다는 분석이 회자되고 있기 때문이다. 중국 지도자의 선발 과정이 그렇게 불투명하다는 의미이다.

후진타오 급부상의 이유는 시대의 요구라고 보는 것이 타당할 것이다. 덩샤오핑이 남순하면서 주장한 새로운 간부선발 방침인 연소화와 전문화에 가장 적합한 인재였기 때문이었다. 후진타오 발탁 배경을 하나 더 꼽는다면 그가 티베트 서기를 할 때, 티베트 독립운동을 진압하는데 결정적인 역할을 했기 때문이다.

후진타오의 생모는 그를 낳으면서 난산 끝에 숨졌고, 계모는 일곱 살 때 숨져 그의 어린 시절은 평탄하지 않았다. 그의 인생은 명문 칭화대학 수리공정과에 입학하면서부터 반전하기 시작했다. 대학 시절 내내 모범적인 학교생활로 공산당의 주목을 받은 그는 졸업하던 해인 1965년에 정식 당원이 되었다. 문화대혁명 시절인 1968년 그는 감숙성 수력발전 댐 기술원으로 자원했다.

그는 특유의 성실함으로 당시 감숙성 당서기로 있던 원로 쑹핑宋平의 관심을 끌었다. 이후 그는 출세가도를 달린다. 중앙 공산당학교에서 교육을 받던 그는 그곳에서 당시 공산주의 청년단 서기인 후야오방의 눈에 들어 1982년의 공산당대회에서 최연소 당 중앙위원으로 발탁된다. 이후 공산주의 청년단·귀주성·티베트자치구 등의 최고책임자를 맡으면서 국가지도자를 향한 경력을 착실히 쌓아갔다.

특히 1989년 티베트자치구 책임자 시절 그 지역의 민족독립운동을 초기에 강경 진압함으로써 덩샤오핑의 확고한 신뢰를 얻는 데 성공했다. 결국 덩샤오핑은 1992년 그를 장쩌민 총서기 뒤를 이을 제4세대 지도자의 핵심으로 지명하고 쉰 살이 채 안된 그를 최고 권력기구인 정치국 상무위원으로 발탁했던 것이다. 13억 중국호의 새 선장이 된 후진타오는 취임사에서 중단 없는 개혁개방과 근대화 추진을 선언했다. 이를 위해 장쩌민 전 총서기가 제창한 공산당이 선진 생산력·선진 문화·인민의 근본이익을 대표해야 한다는 3개 대표이론을 앞세웠다.

● 이미지 정치

후진타오의 정신을 단적으로 보여준 것이 그가 주재한 첫 정치국 확대회의의 발언이다. 그는 이 자리에서 마르크스주의에 대한 독단적인 해석을 버리라고 요구했다. CCTV는 이를 두고 시대에 뒤떨어진 신념과 관행을 버리라는 주문이라고 해석하였다. 또 사회주의 체제의 족쇄를 풀고, 마르크스주의에 대한 독단적인 해석을 경계하라는 주문이라고 풀이했다.

후진타오는 취임 20일후 혁명 성지인 하북성 시바이포西柏坡에서

겸허하고도 신중하며 교만하지도 않고 성급하지도 않는 태도 유지에 힘써야 하며, 각고 분투하는 태도를 견지해야 한다는 마오쩌둥의 양개무필兩個務必 정신을 강조했다. 이후 그의 통치 행태로 볼 때 그는 당시 이미 자신의 통치이념을 실무위주로 할 것임을 분명히 했던 것이다.

후진타오 총서기나 원자바오 총리의 새로운 정치를 공자의 인정仁政으로 보는 사람이 많아지고 있다. 그의 정치적 행보를 추적해 보면 충분히 이런 결론을 도출해 낼 수 있다.

결과적으로 이상으로의 회귀인데, 개혁개방을 위해 숨 가쁘게 달려온 중국을 위한 이념이라고 할 수 있다. 빈부격차와 지역격차로 대변되는 소외계층의 불만은 폭탄의 뇌관이 된 지 오래이다. 그래서 그가 찾아낸 정치 이념이 바로 조화 사회라는 것이다. 조화 사회는 다원적이며 관용적이며 질서가 있는 공정한 신용 사회를 말한다. 한마디로 속도 조절을 하면서 선진 사회로 진입하자는 것이다.

그래서 후진타오는 공자의 친민親民 이미지로 중국의 당면 4대 과제인 빈부격차와 지역갈등 해소·부패 척결·제도 개혁에 나서고 있다. 언제나 모든 언론 뉴스의 첫머리를 장식하면서.

3. 작은 황제[17]

2003년 2월 어느 날 운남성 리장麗江 공항에서 우리 답사 팀이 당한 이야기이다. 다른 도시로 이동하기 위해 우리는 공항 대합실에서 기다리고 있었다. 팀원들은 공항 내 상점을 둘러보거나 의자에 앉아서 한담을 하거나 화장실을 다녀오고 있는 중이었다. 그 때 내 눈에 세 살 정도 되어 보이는 어린아이가 아버지를 쫓아가다 쓰러지는 모습이 눈에 들어왔다. 그 옆에는 우리 팀의 살림을 도맡아

보던 여선생님이 서 있었다.

아이를 얼른 일으킨 아버지는 그 여선생님을 아이가 넘어진 직접적 원인 제공자로 단정하고 그녀의 부주의를 따지기 시작했다. 따지는 정도가 심하다는 생각을 하던 찰라 아이의 입에서는 피가 흐르기 시작했다. 그 순간부터 아이의 아버지는 이성을 잃어버렸다. 바로 험한 욕설을 퍼부으면서 아이의 엄마를 찾기 시작했다.

부리나케 달려 온 엄마는 아이 얼굴의 피를 보자마자 가해자가 너냐면서 주먹질과 이단 옆차기로 여선생님을 공격해 왔다. 여선생님이 재빨리 피하지 않았다면 큰 사고가 났을 상황이었다. 일이 워낙에 급박하게 진행되었다. 고의가 아니라고 우리가 극구 말렸음에도 부부는 그냥 죽을힘을 다해 공격에만 열중하고 있었던 것이다. 모든 동작은 조금의 틈도 주지 않고 연속적으로 진행되었다. 그들 부부는 아이의 입에서 나는 피만을 생각하고 그것이 누군가의 야만적인 폭행에 의하여 저질러졌다고 단정했다.

1979년 중국 정부는 한 자녀 낳기를 법으로 명문화했다. (광저우)

이미지로 읽는 중화인민공화국

그들은 누군가의 실수로 또는 무의식적인 상황에서 피치 못할 사고가 언제나 발생될 수 있음은 전혀 고려하지 않았다. 그들의 눈빛이 그랬다. 상황은 여선생님을 향한 중국인 부부의 저주와 악담을 끝으로 일단락되었다. 이 장면은 지방 소도시의 공항에서 일어난 작은 사건이지만 개발도상국 중국에서 적어도 비행기를 타고 이동할 수 있는 부르주아 계층이 보여준 보편적 행동의 하나로 볼 수 있다.

이른바 문명대국 중국의 사회 현실을 적나라하게 보여주는 중요한 단서이다. 모두가 세 살짜리 꼬마 즉 작은 황제 때문이었다. 자기 자식에 대한 비이성적인 사랑이 부모의 정상적인 사고를 막았던 것이다.

● 외동아이들

지금 중국은 이른바 '작은 황제小皇帝'들이 지배하고 있다. 작은 황제는 한 자녀를 지칭하는 말이다. 그러니까 하나이기에 가정에서 황제처럼 대접받고 있는 외동 자녀를 비유한 것이다. 소수민족을 제외한 한족 가정은 자녀를 하나 이상 낳을 수 없다. 둘 이상 낳을 경우 상당한 액수의 벌금을 내야하며, 공무원일 경우 파면도 각오해야 한다. 물론 각종 편법을 동원한 경우나 범법을 통하여 둘 이상 낳은 가정도 많다. 그래서 호적에 올리지 못한 이른바 '까만 아이黑孩子'들이 5천만 명을 넘어섰다는 주장이 설득력 있게 받아들여지고 있다.

2000년이면 중국의 인구가 12억 8천만 명에 다다를 것이라는 분석에 따라 1979년 중국 정부는 한 자녀 낳기를 법으로 명문화했다. 중국산아제한위원회는 정부의 노력에 의해 1971년에서 1998년까지 감소된 인구가 3억 4천만 명이라고 했다.

1970년대 초까지도 비교적 높은 출생률이 계속되었으나, 개혁

집안의 응석받이로 군림하는 작은 황제야말로 곳곳에 '문명' 게시판이 들어설 수밖에 없는 사회 분위기의 원인 제공자라는 설도 있다. (광저우)

개방 이후 정부의 산아조절정책으로 단기간 내에 출산율이 저하되는 성과를 가져왔다. 한 자녀 낳기 정책이 큰 효과를 거둔 것이다. 하지만 직접적으로 낙태문제를 야기하고, 호적에 올리지 못해 사회적으로 부랑아를 양산하는 등 부정적 영향은 피할 수 없다.

작은 황제 문제도 이슈가 된지 오래이다. 즉 정부의 강제적 조치에 따라 자식을 하나만 둔 가정에서 외동자녀는 집안에서만은 황제 같은 지위를 누리게 되었다. 수천 년 동안 다자녀가 다복을 의미해온 중국에서 타의로 자신의 복을 규제 당한 중국인들은 한 자녀를 통해 그들의 복을 과시하고 싶어 한다. 그들은 자식을 위한 것이라면 물도 불도 가리지 않게 되었다. 하물며 자신의 작은 황제의 입에서 나는 피를 본 것이었다. 피를 본 자식을 앞에 두고 이성을 찾아 냉정해지기는 한갓 사치 노름에 불과하다.

비이성적인 부모사랑에 중국의 외동아이들은 두려울 것이 없다. 그런 부모 밑에서 자란 아이는 대개 응석받이거나 고집불통에다 버릇이 없고 좀처럼 타인을 배려할 줄 모르는 아이로 성장하게 되는 것이 순서이다. 과보호 속에 자란 아이는 단체 생활에 적응하지 못하고 성인이 되어서도 생산성이 상대적으로 떨어지는 등의 부작

이미지로 읽는 중화인민공화국

도심 곳곳에 게시된 덩샤오핑 전람회 포스터(광저우)

용이 나타난다.

집안의 응석받이로 군림하는 작은 황제야말로 곳곳에 '문명' 게시판이 들어설 수밖에 없는 사회 분위기의 원인 제공자라는 설도 있다. 한마디로 자기밖에 모르는 인간형, 공중도덕이나 예절에 대해 무관심한 인간형으로 자란다는 것이다.

중국의 작은 황제들에게 들어가는 경비도 만만치 않다. 작은 황제들은 그 이름에 걸맞게 중국에서 고급 소비자층에 속한다. 대도시에서는 어린이 한 명의 소비액이 가정 전체 소득의 절반까지 차지하기에 이른 것이다. 이들을 겨냥한 각종 상술이 크게 유행하는 것은 당연해서, 중국을 포함한 전 세계 기업체들은 작은 황제를 목표로 한 아이템 개발에 주력하고 있다. 21세기 중국은 이렇게 자란 작은 황제 몇억 명이 주도해 나갈 것이다. ■

이미지로 읽는 중화인민공화국

이 미 지 로   읽 는   중 화 인 민 공 화 국

04

무 한
경쟁

1. 위조

1949년 이후 오늘까지 중국 사회 전체가 가장 투명했던 시기는 1950년대라고 한다. 중국 사람들은 그 때를 가리켜 밤에 문을 잠그지 않았고, 길에 떨어진 물건도 함부로 주워가지 않았던 시절이었다고 표현한다. 사회주의 중국이 막 시작된 1950년대는 전사회가 조국에 대한 희망과 발전에 대한 사명감으로 충만했었다. 전국적으로 남녀노소를 막론하고 정부시책에 적극적으로 협조하면서 공산주의라는 이상사회를 건설하기 위해 누구나 솔선수범하고자 했던 시기였다.

그래서 지금까지도 '수정처럼 투명했던 1950년대'라고 불린다. 하지만 이후 중국 사회는 사상성과 출신 성분이 최우선으로 중시되는 사회로 전환되었고, 사상성을 위한 거짓말과 실적을 위한 허위 보고가 난무하는 사회로 전락했던 것이다.

1979년 개혁개방 이후 중국이 시장 경제를 받아들이는 과정에서 자본주의 사회의 이른바 필요악이라고 하는 사회갈등이 시시각각 나타나고 있다. 있는 자와 없는 자는 이제 새로운 갈등구조를 만들고 있으며, 공부를 포기하고 돈벌이에 나서는 지식인의 모습이 매우 보편적인 현상이 된 지 오래이다. 가짜 식품 제조 등 돈을 위해서는 사람의 목숨조차도 우습게 아는 천민자본주의의 폭압적 분위기가 전 중국에 걸쳐 먹구름처럼 몰려다니고 있다. 힘 있는 자의 논리가 지배하고, 수단과 방법을 가리지 않고 자기 이익을 도모하는 또 다른 논리가 등장하고 있다.

● 새치기

2002년 8월 중국 톈진의 번화가 맥도널드 매장에서 주문을 하려고 줄을 서 있던 나는 이상한 장면을 목격했다. 선글라스를 쓴 노인이 어린 손녀를 데리고 들어오더니만 판매원이 없는 곳에 혼자 줄을 서는 것이었다. 나는 그 옆의 줄에 서 있다가 주문을 했다. 그 때 옆에 서 있던 노인은 대뜸 자기가 줄을 서 있다고 소리를 질렀다. 판매원은 그 줄은 서비스하는 줄이 아니라고 공손하게 설명했다.

그럼에도 불구하고 노인은 너희들이 사람을 어떻게 알고 하면서 그냥 억지소리만 빽빽 지르고 있었다. 손님을 기다리게 했으니 당신들이 책임지라는 말도 했다. 결과는 노인의 승리로 끝날 수밖에 없었다. 자기가 개발한 억지를 부리는 경우였는데, 고단수의 새치기에 해당한다. 사회주의 시기 구호 만능주의를 온몸으로 체감했던 구세대들은 그 열악한 상황 하에서 나름대로 생존 방식을 터득해오던 터였다. 그것은 다름 아닌 큰소리치기와 억지 부리기인 것이다.

그즈음 톈진에서 바닷가에 가려고 버스 터미널에 갔다. 표를 사는데 또 새치기 당했다. 덩치가 나보다 훨씬 크니 뭐라고 하지도 못하고 그저 멍하니 바라만 보고 있었다. 화장실에서도 새치기는 흔했다. 지하철에서 매표할 때도 줄을 제대로 안 섰다. 그러고 보니 몇 해 전 기차역에서 경찰이 긴 대나무로 사람들을 때리면서 매표 질서를 유지하고 있었던 장면이 떠올랐다. 좌석 표를 들고 열차 내 자리를 찾아가자 누군가 먼저 앉아 있었고, 내가 비키라고 해도 모른 채 한 것도 그즈음이었다.

2003년 여름 운남성 쿤밍昆明의 어느 산 정상에서 나는 리프트를 타고 내려오려고 일행과 함께 줄을 서 있었다. 몇몇의 중국인들이 뒤에서 슬금슬금 우리를 넘어 앞줄의 자기 친구들 사이로 끼어들었다. 한둘이 아니라 스무 명 정도가 끼어들어 우리는 순식간에 뒤로 밀려 버렸던 것이다. 중국에서 새치기는 생활의 기본기에 해당하는 것처럼 보인다. 일부 중국인들은 앞에 다른 사람이 기다리고

거리 모든 공간에 붙어 있는 위조 서비스 광고 "증서만듦 · 도장 팜 · 영수증 발행함"(광저우)

있다는 사실을 받아들이지 않으려고 하는 의지가 매우 강했다.

2003년 12월 베이징의 교통상황은 이렇게 요약할 수 있다. 다른 사람 눈치 절대 안보기 · 다른 차 경적에 절대 반응안하기 · 내가 가고 싶은 방향으로 무리하게 가기 등인데, 그들은 뒤에 수없이 늘어서 경적을 울려대는 차량을 조금도 의식하지 않았다. 인간의 탈을 쓰고 어떻게 저럴 수 있나하는 탄식이 절로 나온다. 이 같은 새치기나 억지 부리기 현상은 매우 단순한 해프닝으로 볼 수 있지만, 그 사회의 시민의식이나 근대화의 정도를 알 수 있는 중요한 잣대가 될 수 있다.

● 가짜 증명서

2003년 8월, 중국의 대표적인 경제특구 선전의 도서센터 입구에서 나는 명함크기의 광고지 두 장을 받았다. 동남아 증명서 주식회사라는 동일한 회사 소속의 그 광고 주인은 각기 다른 이름의 소유자였지만 내용은 같았다. 우선 앞면에는 각종 증명서와 도장 그리고 복제를 대행한다는 글귀가 있었다. 뒷면에는 신분증 · 결혼증명서 · 이혼증명서 · 호적 · 공증을 위시해서 석사 · 박사를 비롯한 학

이미지로 읽는 중화인민공화국

각종 위조 대행업체 광고 전단(광저우)

위와 각 급 학교 졸업증명서는 물론 각종 국가 자격증·회계사 자격증·운전면허증·차 번호판·심지어 홍콩신분증과 여권까지도 만들어 준다는 내용이 기재되어 있었다.

실제로 중국에 도착하자마자 바로 위조 학생증을 만들어 각종 혜택을 누리고 다니는 외국인이 많이 있다. 2008년 12월 베이징 텔레비전 조간 뉴스는 가짜 기자증이 1만 5천 위안(약 3백만원)에 거래되고 있다고 보도하고 있다.

2008년 11월, 광둥성의 수도 광저우에서 받은 명함에는 급할 때를 위해서 잘 간직하라는 친절한 당부와 함께 각종 증명서·도장·각종 국가 자격증과 차 번호판을 만들어 준다는 안내가 되어 있다. 최근에는 명함을 직접 돌리기보다는 보도블록에 붙이고 다니거나 화단과 가로등 붙일 수 있는 모든 곳에 붙이고 다닌다. 그 엄청난 양에 대해서 눈이 휘둥그레 질 뿐만 아니라 이런 불법 광고가 어떻게 지속될 수 있는지 놀라울 뿐이다. 허술한 사회 시스템은 위조의 제조를 가능케 한다. 아직 위조나 가짜가 행세할 수 있는

가로수에 부착되어 있는 위조 대행업체 광고 전단(광저우)

사회라는 말이다.

　2008년 3월 국무원 국가발전개혁위원회의 주임 장핑張平의 학력이 인구에 크게 회자된 적이 있다. 국가 장관급인 그의 학력이 고졸이었기 때문이다. 즉 장관의 학력이 고등학교 졸업에 불과한 것도 주목의 대상이었지만, 그것보다는 중국의 풍조로 볼 때 고위직 공무원인 그가 원하기만 하면 석사 나아가서 박사 학위조차도 쉽게 얻어낼 수 있었을 텐데, 그것을 포기한 그의 인품이 매우 훌륭하다는 것이다.

　몇 년 전 부패 혐의로 사형당한 강서성 부성장 후창칭胡長青의 경우는 중국 관료 세계의 가짜 학위 범람 풍조를 대표적으로 보여주었다. 그는 베이징대학을 통해서 자신의 가짜 학위를 '진짜로' 만들려는 시도를 했다. 그것이 실패하자 그는 중국의 실리콘 밸리로 불리는 베이징의 중관촌에서 가짜 베이징대학 법학사 학위를 구입했다. 이후 그는 최고 학부 학위증을 이용하여 승진가도를 달렸던 것이다.

　　　　　　　　　　　　　　　　　　　　이미지로 읽는 중화인민공화국

2006년에 실시된 인구센서스에 따르면, 본인의 학력을 대졸 이상으로 기재한 사람이 실제 대학 졸업자보다 50만 명이나 많았다. 이 사실은 중국 전체 인구에서적어도 50만 명이 가짜 학위를 가지고 있다는 것을 의미한다.[18]

더욱 심각한 문제는 성적 우수자의 학적부가 빼돌려지는 상황이다. 고등학교나 대학에서 우수한 성적으로 졸업한 사람들의 학적부를 거액으로 구입하여 자신의 이름과 바꾸어 대학 진학이나 취업에 악용하는 것[19]이다. 자신이 공부했었다는 아무런 흔적도 남아 있지 않게 되는 피해자는 몇 년간의 피나는 노력이 물거품이 되는 아픔을 겪게 되는 것이다.

위조는 경쟁에서 기인한다. 사회가 경쟁을 유도하고 있고, 살아남기 위해서는 우선 화려한 외피가 중요하기 때문이다. 최근 우리나라에서도 학력 위조 문제가 사회를 떠들썩하게 한 적이 있다. 이 것은 우리사회가 경쟁 사회이고, 내실보다는 외화를 중요시하기 때문이다. 그 사람의 실력보다는 화려한 겉포장을 요구하고 있기에 발생하고 있는 것이다.

새치기나 억지 부리기나 위조가 많음에도 불구하고, 중국에서 생활하다 보면 그들은 제반 규정에 대한 준수 의지가 매우 강하다는 것을 알 수 있다. 가령 공무원이나 회사원이 어떤 요청을 거절할 경우 그들이 마지막에 들고 나오는 것이 규정이기 때문이다. 하지만 조금만 더 깊이 들여다 볼 경우 그들이 말하는 규정은 자신을 보호하기 위한 수단으로만 작동하고 있음을 알 수 있다.

즉 자신에게 충분한 뇌물이 주어질 때 그 규정은 더 이상 규정이 아닌 것이 되는 것이고, 자신의 자리를 보전하고자 할 때 규정은 규정으로 확실하게 제시되는 것이다. 이 때 규정은 국가와 국민의 이익을 보호하는 장치가 아니고 자신을 보호하기 위한 구실에 지나지 않는다.

● 부패와의 전쟁

일찍이 주룽지朱鎔基 총리가 1998년 3월 취임 당시 부패와의 전쟁을 선포하며 '내 것을 포함하여 1백 개의 관을 준비하라'고 했을 때 중국인들은 긴장했다. 중국공산당은 지난 1990년대 부패 등을 이유로 약 50만 명을 출당 조치했다.

하지만 주룽지 총리의 경고는 시간이 지날수록 엄포에 불과하다는 사실이 증명되고 있을 뿐이다. 이제 유럽에서 공부하고 있는 유학생의 가장 큰 비중을 차지한 국가는 중국이 된지 오래이다. 그리고 해외에서 공부하고 있는 중국 유학생들의 부모는 십중팔구 공무원이 분명하다.

이에 대처하기 위해 당국은 사형 제도를 활용하고 있다. 성장 또는 부성장 출신의 고위 관료들이 공개 처형되고 있고 연대책임 등 온갖 규정이 새로 만들어지고 있음에도 불구하고 국가의 부패 현상은 여전하다. 권력은 공산당이 독점하고 있고 경제만 경쟁체제를 도입했다보니 권력형 부패의 가능성이 도처에 널려있다. 시장은 아직 충분히 성숙되어 있지 않고 정부의 개입 여지는 너무 많기 때문이다. 권력의 힘이 강할수록 부패의 가능성은 그만큼 더 커지는 법이다. 절대 권력은 절대 부패한다고 볼 때, 해결책은 분명해 보인다.

중국 정부는 현재 부패와의 싸움에 국운을 건 결연함을 보이고 있다. 2009년 3월 현재 전 국민이 부패와의 전쟁에 돌입했다는 소식이 전해지고 있다. 부패 행위의 주체는 국가공무원들이다. 중국 사회 특히 공무원들 사이에서 부패가 만연됐다는 사실은 중국공산당의 통치능력에 대한 근본적인 회의로 이어질 수 있다. 반부패 투쟁에 중국공산당의 운명이 걸린 이유가 바로 여기에 있다. 하지만 사형 등과 같은 극단적 처벌만으로 부패를 척결할 수는 없다는 진단이 나오고 있다.

이미지로 읽는 중화인민공화국

그래서 인치가 아닌 법치로 부패가 자리할 틈을 주지 않게 제도를 개혁하자는 목소리가 나온다. 이 경우 홍콩이나 싱가포르의 경우가 대안으로 제시될 수 있을 것이다. 부패 단속을 위한 특별기구가 필요한 시점이 도래한 것이다. 2004년 2월 공산당 중앙기율검사위원회 위원장은 '전국의 당정군 간부 8만 3천여 명의 재산변동과 생활실태를 면밀히 감시할 것'이라고 한 적이 있다.

하지만 2009년 7월 뉴스에 등장한 복건성의 작은 도시 윈샤오 雲霄의 경우를 보면 공산당의 다짐이 마냥 의심스러울 뿐이다. 가짜 담배의 고향으로 불리는 그 곳에서 1년에 2천억 개의 가짜 담배가 만들어지고 있다. 그 곳에 직원 5백 명을 고용하고 있는 대규모의 공장을 비롯하여, 산속이나 지하 등 도시 곳곳에 가짜 담배를 생산하는 공장이 가동되고 있다. 뉴욕·시카고·런던에서 팔리는 말보로의 3분의 1이 그 곳에서 만들어지고 있다.[20] 상황으로 볼 때, 정부 당국의 묵인이나 동조 없이 그것이 가능하지 않다는 점에서 부패의 심각성을 알 수 있다.

"화사량쯔 마사지 업소"(베이징)

2. 친절[20]

톨스토이는 노동하는 모습을 인간의 가장 아름다운 모습으로 손꼽았다. 정말이지 땀 흘리며 일하는 모든 인간은 아름답다. 중국의 식당에서 식사를 할 때 노동하는 참 인간을 볼 수 있다. 이른바 '복무원服務員'이 그들이다. 지켜보고 있노라면 어떤 복무원은 몇 시간을 쉼 없이 움직인다.

2007년 1월 저녁 식사 후 우리 일행은 중국여행에서 누릴 수 있는 가장 큰 즐거움중의 하나인 발마사지를 받으러갔다. 우리가 몰려 간 곳은 화샤량쯔華夏良子라는 마사지 체인이었다. 탁월한 이름 덕분인지 1997년 창업이후 발전을 거듭하여 중국전역에 수백 개의 체인을 가지고 있단다. 이름을 풀어보면 중국華夏의 효자良子이니 안마 집 상호로 더 이상 좋은 이름도 드물 것 같다.

복무원들은 대부분 농촌에서 올라온 아가씨들이었다. 월급으로 매년 변동 없이 우리 돈 15만원 정도 받고 있으며, 오전 열시부터 밤 한 시 까지 하루 열다섯 시간 근무하고 있었다. 한 달에 이틀 쉴 수 있으며, 낮에는 한가하다고 도리어 우리를 위로하는 그들은 매우 친절했고 부지런히 움직였다.

2002년 1월 어느 날, 저녁식사를 한 다퉁 중심가의 한 식당의 '소저小姐'는 정말 성실하게 일했다. 기차를 기다리던 몇 시간 동안 우리는 그가 잠시도 쉬지 않고 일하고 있음을 확인하고 있었다. 일자리 상실에 대한 두려움만으로 저렇게 움직일 수 있는가? 하는 주제를 놓고 동행한 친구와 입씨름을 계속했다. 6일 동안 우리가 만났던 복무원 모두가 그러했다. 그들은 기계처럼 쉼 없이 일을 하면서도 내내 흐뭇하고도 당당한 표정을 짓고 있었다. 하지만 그것을 바라보는 보는 내 마음은 편안하지 않았다.

2000년 겨울 중국 항저우杭州의 한 서점에서 나는 놀라운 경험

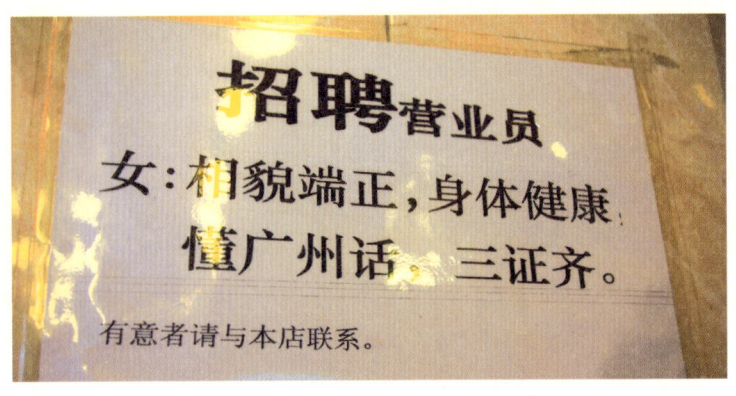
"영업 직원 초빙 - 여자, 용모 단정, 신체 건강, 광동화 이해, 세가지 증서 구비"(광저우)

을 했다. 내 옆으로 다가온 여점원이 '선생님, 책을 우선 제가 계산대로 가져다 두겠습니다'라고 한 것이다. 속으로 깜짝 놀란 나는 겉으로는 아무렇지 않은 표정으로 대여섯 권의 책을 건네주었다. 나는 사려고 고른 책 몇 권을 들고 다니면서 책 구경을 하고 있는 중이었다. 여점원은 아주 공손한 태도로 내 책을 받아 저쪽으로 걸어갔다. 나는 놀란 채로 점원의 뒷모습을 보고 있었다. 중국에서 그런 친절은 처음이었다.

중국 전체가 친절해지고 있다. 택시에서도 친절함을 온몸으로 느끼게 된다.

2003년 12월 베이징, 시낭송회에 가는 저녁 나는 두 대의 택시를 탔다. 마침 길을 잘 모르는 기사였다. 승객인 나의 눈치를 여러번 보더니만 솔직하게 양해를 구했다. 자기는 그곳을 잘 모르니 내려서 다른 차를 타라는 말과 함께 차비는 받지 않겠다고 하는 것이다. 물론 이미 20분정도 목적지를 향해서 달려왔는데도 말이다. 그는 내가 건네는 기본료를 아주 미안해하면서 받고는 택시가 많은 곳에 내려주었다. 두 번째 택시 기사 역시 내가 가고자 하는 구민회관을 잘 모른다고 하면서 나의 이해를 구한 후 출발했다.

역시 찾기가 쉽지 않았다. 기사는 내려서 몇 번이나 길을 물었

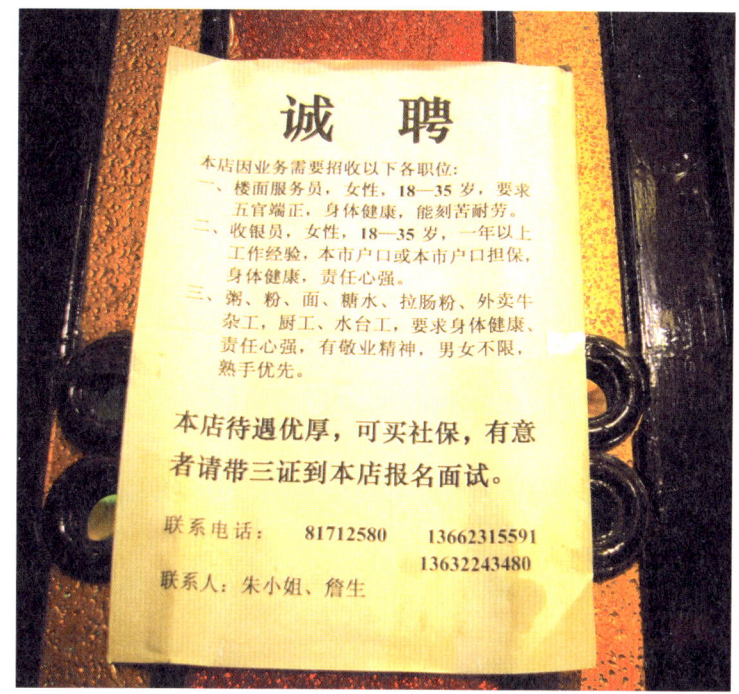

"모십니다 – 본점은 업무상의 필요로 아래 각 직위를 모집합니다." 식당 종업원은 용모가 단정해야 하고, 계산대에 근무하는 사람은 1년 이상의 업무 경험이 필요한 동시에 현지인이거나 현지인의 보증이 필요하다. (광저우)

고 심지어 중간에 요금표시기를 꺾었다. 결국 목적지에 도착했다. 그날 밤 나는 중국의 또 다른 모습에 감격해 하면서 새로운 친절에 대해 곰곰이 생각해보았다. 택시기사들의 행동은 그 불친절했던 과거에 비하면 새로운 도덕창출의 가능성을 제시하고 있는 것이다. 하지만 친절함은 마냥 좋은 것인가? 남이 나한테 친절하다는 것은 나로서는 기분 좋은 일이 분명하다. 하지만 중국의 역사를 생각해보면 그것이 그렇게 간단한 일만은 아니다.

● 친절의 배후

사회주의 체제에서 물건 사고 팔 때의 경우를 따져보면 그 이유를 알 수 있다. 자본주의 체제의 상점에서는 내가 물건을 하나 사

이미지로 읽는 중화인민공화국

주면 주인이 바로 이득을 얻는다. 그래서 주인은 나에게 친절해야 하는 것이다. 하지만 사회주의 체제에서는 당신이 이 물건이 필요하여 사러 왔으니 바쁜 내가 당신에게 팔아주는 것이 된다. 따라서 물건을 사러온 당신이 나에게 감사해야 하는 것이다.

왜냐하면 내가 이 물건을 팔든 않든 내 월급은 국가에서 고정적으로 주기 때문이다. 그 동안 중국 여행을 하면서 이 당연하고도 떳떳한 불친절로부터 마음이 상한 한국인이 적지 않다.

친절에는 배후가 있다. 친절해야만 살아남을 수 있다는 것이다. 인센티브 제도가 도입되었다는 말이다. 친절한 사람은 살아남고 불친절한 사람은 도태되는 것이 자본주의 영업의 섭리일 것이다. 이제 친절한 노동력은 자본에 의해 새롭게 창출된 것이다. 또 친절하다는 것은 자신의 이익에 눈을 뜨고 있다는 것을 의미한다. 그렇게 본다면 친절은 분명 자본주의의 상징이다. 자신의 이익에 충실해진다는 것은 반드시 좋은 일인가?

자본에 의해 친절이 강요되고 있다. 친절하지 않는 자는 직장에서 살아남을 수 없다. 돈을 벌어야만 하는 사람들이 너무 많기 때문이다. 바야흐로 처절한 생존 경쟁은 피해 갈 수 없다. 그래서 각종 시험이 필요한 것이다. 등위를 가리기 위해서이다. 굳이 등위를 가리는 이유는 사회가 그것을 요구하기 때문이다. 같이 갈 수 없기에 누군가를 도태시켜야 한다. 사회가 그것을 요구하는 이유는 일할 사람이 너무 많기 때문이다. 2009년 9월 현재, 베이징 중관촌의 최대 서점인 신화서점에서는 출세·성공하는 법 관련 서적이 베스트 셀러를 기록하고 있다. 경쟁은 대학입학 때 가장 첨예화한다.

● 경쟁의 심화

2002년 8월 베이징대학 교내를 거닐면서 몇 개의 강의동 앞에 모여서 발을 동동 구르고 있는 사람들을 보았다. 대학원 입학시험이 진행되고 있었고 부모들이 고사장 앞에서 자식들을 기다리고 있는 중이었다. 대학시험은 물론 대학원 시험에 대한 부모들의 관심도 놀라웠다. 우리나라에만 있는 줄 알았던 입시열기와 합격을 위한 간절한 부모의 마음이 중국에도 있음을 새삼 깨달았다.

경쟁의 시대에 대학도 예외일 수는 없다. 대학 간 경쟁을 구경하는 재미도 나쁘지 않다. CCTV 9시 뉴스에 베이징대학 입학관리처 주임이 나와서 올해 전국 36개 성시省市의 1등이 베이징대학에 입학 신청을 해서 작년보다 입학성적이 향상되었다고 자랑했다. 이에 질세라 요즘 중국 내 최고 명문으로 인정받고 있는 칭화대학 입학주임이 나와서 24개 성시의 1등이 지원했다고 한다.

대학원에도 진학하려는 학생이 급증하고 있다. 2003년도 석사반 원서접수가 시작되면서 학생들이 몰리기 시작하여 베이징에서만 15만 명이 원서를 접수했다. 2002년에는 경영학 석사과정MBA의 경쟁률이 매우 높았기 때문에 이제는 자신들의 학과선택에 있어서도 폭을 점점 넓혀가려는 경향을 보이는 현상이 나타났다고 관련자들은 설명했다. 해마다 대학원에 진학하려는 학생들이 크게 늘어나는 이유는 바로 취업경쟁 때문이다. 학부 졸업장으로만 안심을 할 수 없는 것이다.

경쟁이 갈수록 치열해지는 요즈음 부모들은 2세가 자신의 삶에 영향을 주는 것을 점점 더 싫어한다. 이것은 이미 세계적인 현상이자 중국의 추세이기도 하다. 대도시에서 이제 자녀 한 명 건사하는 데 매월 1~2천 위안(약 2~4십만원) 즉 도시 노동자 한 달 수입의 절반이 투입되어야 하는 시점에 도달했다. 이 치열한 생존경쟁을 지켜보는 데 필요한 부모들의 인내심이 약해지고 있다. 그래서 더 이상 자녀수를 1명으로 제한하는 인구정책은 큰 의미가 없단다.

경쟁은 이제 어디에서나 피할 수 없는 것이 되었다. 따라서 청소년들이 받는 스트레스의 정도는 나날이 도를 더해가는 것이다. 그

스트레스를 학교나 가정에서 줄여주지 않고 있어 그들의 고민은 깊어만 간다. 또 피할 수 없는 것은 부모와 자식 사이에서 일어나는 세대 간 갈등이다. 고단했던 사회주의 시기와 개혁개방이라는 경쟁에서 살아남은 부모 세대와 개혁개방의 화려한 조명아래 부족함 없이 살아온 청소년간의 갈등은 이제 시작이다.

청소년의 자살 또한 급증하고 있다. 중국에서는 연간 2백여 만 명이 자살을 기도하고 이중 약 28만 7천명이 희생되고 있다. 특히 청소년층의 경우 자살이 제1의 사망 요인이라는 충격적인 조사 결과가 발표됐다. 치열한 경쟁이 그들을 자살로 내몰고 있음이 분명하다. 2008년 12월 9일 베이징 텔레비전 뉴스에서는 올해 대학졸업생 1백만 명이 취업을 하지 못할 것이라고 했다.

3. 농민공

길을 걷다가 보면 할 일 없는 사람들이 많이 보인다. 마냥 무언가를 기다리는 한두 명이 보일 때도 있다. 수십 명이 한꺼번에 몰려 있기도 한다. 궁금하여 다가가 보면 장기를 구경하고 있다. 장기 두는 사람은 두 명 뿐인데, 도대체 구경꾼은 왜 그렇게 많은 것인가?

시장 근처로 가보면, 많은 사람들이 서성거리는 곳이 있다. 어떤 사람들은 일거리를 구한다는 또 여러 가지 수리를 한다는 종이 팻말을 앞에 두고 마냥 앉아 있다. 그 중에 어떤 이들은 리어카를 잠자리 삼아 하염없는 낮잠을 청하고 있다. 모두들 농촌에서 도시로 일자리를 찾아올라 온 농민공農民工이다.

● 농민공의 위기
2008년에 불어 닥친 글로벌 경제 위기는 농민공들에게 직접적인 타격을 주었다. 2009년 2월 2일 중국 농촌 업무 지도 판공실 발표에 따르면, 1억 3천만 명의 농민공 중 2천만 명이 실직해서 귀향했다. 2009년 3월 보도에 따르면 광동성에만 46만 명의 실직 농민공이 유랑하고 있다고 한다. 앞으로 실직자 수는 계속 증가할 것이다. 주로 40대 가장인 농민공의 실직은 사회 안정에 직접적인 영향을 준다는 점에서 중국 정부는 이를 예의 주시하고 있다.

『참고소식』 2008년 12월 10일자는 중국에서 매년 25~30만 명이 자살을 한다고 보도했다. 전 세계 자살인구의 4분의 1을 차지한

장기 두는 사람은 두 명 뿐인데, 도대체 구경꾼은 왜 그렇게 많은 것인가?(광저우)

어떤 사람들은 하루종일 마냥 앉아 있다. 농촌에서 도시로 일자리를 찾아올라 온 농민공이다.(광저우)

이미지로 읽는 중화인민공화국

시장 근처로 가보면, 어떤 이들은 리어카를 잠자리 삼아 하염없는 낮잠을 청하고 있다.(광저우)

다고 한다. 특히 농촌 지역의 자살률이 도시의 그것보다 훨씬 높다. 선전대학深圳大學 심리학과 양칭楊靑 교수는 농촌의 자살률은 도시의 3~4배에 달한다고 하면서, 사회주의와 유가사상 그리고 자본주의가 상호 충돌하여 중국인을 핍박하고 있다[22]고 보았다.

2002년 7월 어느 날, 텔레비전에서는 공산당이 첫째 전체 인민의 광대 이익 둘째 선진 문화 셋째 선진 생산력을 대표한다는 장쩌민 주석의 3개 대표 노선을 농민들의 수입증대와 연관시키는 프로그램을 방송하고 있었다. 프로그램 내내 인터넷이 향후 농업에 얼마나 크게 소용되는 것인지를 누누이 강조하고 있었다. WTO가입이 중국 농민들에게 가져 올 위기를 설명하고 있었고, 정부는 적극적인 인터넷 보급으로 상황을 극복하고자 했다.

● 도농 간의 격차

중국의 도시와 농촌 간 소득격차가 세계 최고 수준에 도달했다고 한다. 중국 정부는 가장 큰 골칫거리인 도농 간 소득격차 즉 빈부격차를 해소하기 위해 발 벗고 나서고 있다. 하지만 농촌에 8억

명이 넘는 인구가 거주하는 만큼 중국의 도농 간 빈부격차는 당분간 심화될 수밖에 없을 것으로 보인다. 도시민의 소득은 1995년까지만 해도 농촌보다 2.8배 높았지만 2002년에는 3.1배로 벌어졌다. 대도시와 경제특구를 위시한 연해지역은 이른바 비약적인 '성장'을 거듭했지만, 내륙서부 지역의 농촌은 큰 변화가 없었다. 의료·교육·실업보장과 같은 요인을 감안할 경우 도농 간 소득격차는 더욱 커진다.

이 같은 도농 간 소득격차는 당분간 해소되기 힘들 것으로 보인다. 2005년의 공식통계에 따르면 농촌지역에는 중국 전체 인구의 60%가 넘는 8억 명이 거주하고 있다. 이들이 생산하는 농업생산량은 국내총생산GDP의 15%에 불과하다. 중국 농민 중 노약자와 어린이를 제외한 인구는 5~6억 명이며, 이들 중 3~4억 명이 잉여 노동력이라고 한다. 개혁개방 이후 지금까지 추진해왔던 도시 우선 정책이 지속되는 한 농촌의 가난은 대물림 할 수밖에 없다.

2002년 3월 『총리에게 진실을 말하겠다!』는 책이 돌풍을 일으킨 적이 있다. 리창핑李昌平이라는 농촌의 당위원회 서기가 쓴 책이었다. 중국의 농촌은 정말 가난하고, 농민은 정말 고생스럽고, 농업은 정말 위험하다는 그의 상황보고는 이제 중국 지식인들의 논쟁에서 빠질 수 없는 화두가 된 지 오래되었다. 신문과 잡지 등 대부분의 매체에서 농민 문제를 둘러싸고 격론이 벌어지고 있다.

2005년 7월 어느 날 우리 일행은 화산華山을 오르는 케이블카를 타기 위해 버스를 기다리고 있었다. 그러니까 화산 바로 아래 있는 케이블카를 타기 위해서는 버스로 10분 정도를 이동해야 했다. 하지만 금방 출발한다던 버스는 1시간이 지난 후에야 움직일 수 있었다. 화산으로 가기 위해 지나쳐야하는 마을의 농민들이 길을 가로막은 것이었다. 그들은 이른바 통행세를 요구하면서 지역정부와 힘겨루기를 하고 있었던 것이다. 집단의 이익에 민감해지고 있음

153

이다. 농민들의 의사표현에 거침이 없어지고 있다. 그만큼 절박하다는 것이리라. 또 집단적인 의사표현으로 자기 이익을 도모할 수 있다는 것을 알았다는 것이리라.

중국 혁명 당시 전 세계의 사회주의 혁명을 지휘하고 있던 코민테른은 러시아의 혁명방식인 도시 노동자가 혁명의 주체가 되는 정책을 중국공산당에게 강요하고 있었다. 마오쩌둥은 상공업이 발달하지 않은 중국의 현실로 볼 때 도시 노동자가 혁명의 주요 동력이 될 수 없다는 것을 일치감치 간파하고, 농민을 중국에서의 혁명 주력으로 삼아 혁명을 성공시켰다. 이후 농민은 해방군과 더불어 최고 우대계급이 되었다. 하지만 시장 경제가 심화될수록 농민계급은 정부의 가장 큰 골칫거리가 되어버렸다.

2002년 8월 베이징에서 만난 어느 교수가 읽어보라고 신신당부하면서 골라준 책이 바로 황하주변의 농촌 상황을 연구한 『황하변의 중국』이었다. 농촌의 위기적 상황에 대한 고발이었다.

2008년 12월 지나가다 산 주간지 『남방창南方窓』은 농민들의 생활실태를 고발하면서 농민들이 제자리걸음인 수입과 과중한 세금의 이중고 속에서 허덕이고 있으며, 수탈을 일삼는 부패한 관리들로 인해 이 현상이 더욱 가속화되고 있다고 지적했다. 농촌 일선공무원들의 전횡이 극에 달해 그들에게 조금이라도 잘 못 보일 경우 국가로부터의 지원 등 혜택은 하나도 받을 수 없게 된다고 한다.

4. 가족계획[23]

중국은 지금도 노동력 과잉 상태이다. 지금도 베이징 서부역의 택시 정류장에는 손님 정리를 맡고 있는 5명의 복무원이 활발하게 움직이고 있다. 도대체 그들이 왜 그 곳에 있어야하는지 이해가 되

학교 안이나 동네 골목의 게시판에는 여전히 한 가정 한 자녀를 장려하는 각종 캠페인이 진행되고 있다. "인구 증가 통제하여, 사회 진보 촉진하자."(광저우 골목 표어)

골목 입구에 있는 콘돔 자동판매기(광저우)

지 않는다. 건물마다 수위가 있다. 보안문제가 취약하다는 것과 노동력 잉여라는 두 가지 사항을 알 수 있다. 아파트의 엘리베이터 안에서 근무하는 여성 승무원도 있다. 그녀의 일터는 엘리베이터 안이다. 그녀는 하루 종일 그 안에서 손님들이 눌러야하는 층수를 대신 눌러주고 있다.

필요도 없을 것 같은 안내원이 병원 로비에 몇 명이나 있었고, 그들은 언제나 모여서 잡담을 하고 있었다. 한 명만 있어도 족할 것 같은 접수처에 또 여러 명이 있다. 우리 방식대로라면 5분의 1 정도의 인원이 필요한 곳에 그들은 5배 많은 인원을 배치하고 있는 듯하다. 그럼에도 불구하고 곳곳의 근무인원은 넘쳐났지만 서비스는 도무지 엉망이었다. 사람은 많고 국가가 제공할 수 있는 자리는 한정되어 있으니 자를 수도 없다. 연휴나 주말에 역이나 시내에 나가보면 중국의 인구를 실감할 수 있다.

한 때 베이징 지하철에는 검표원이 많았다. 표를 사면 그들이 검표를 하고 나서야 지하철을 탈 수 있었다. 그것을 본 순간 그 곳에 왜 기계를 설치하지 않는가 하는 생각이 들지만 그 이유를 깨닫는 데는 그리 오랜 시간이 걸리지 않는다. 그 모든 것들이 천문학적 인구가 야기한 중국의 현실인 것이다.

우리나라를 비롯한 세계 주요 국가가 인구 감소로 인한 노령화 사회를 대비하고 있는 가운데, 중국에서 2008년 12월 현재까지도 가족계획은 여전히 절대 진리인 듯하다. 학교 안이나 동네 골목의 게시판에는 여전히 한 가정 한 자녀를 장려하는 각종 캠페인이 진행되고 있으니까 말이다. '인구증가 통제하여, 사회진보 촉진하자'는 표어까지 등장한 것을 보면, 가족계획이 사회의 진보와 직결되는 중차대한 사안으로 인식되고 있음을 알 수 있다.

'인구통제, 준법관리'·'저출산 수준의 유지는 인구문제를 통일적으로 해결하고, 사람의 전면적 발전을 촉진한다'·'가족계획의 공로는 당대에 있지만, 이득은 만대에 걸쳐 누리리라'는 표어가 대도시 곳곳에서 게시판이나 플래카드의 형식으로 홍보되고 있다.

● 여자 아이 차별 금지

그 중에서도 눈길을 끄는 것은 여자 아이는 남자 아이와 마찬가지로 중요하다는 계몽이다. 그것을 읽어 보노라면 남녀평등 사회 실현에 대한 그 간절함에 눈시울이 붉어진다.

가족계획 - 여자 아이를 돌보자
 - 여자 아이를 돌보는 것은 민족의 장래를 지키는 것이다.
 - 전 사회는 여자 아이의 건강한 성장을 위해 관심을 가져야 한다.

- 여자 아이 성장에 관심을 기울여, 문명 신풍을 수립하자.

- 여자 아이 잘 길러 행복한 가정을 건설하자.

- 남녀평등 실현으로 사회 진보 촉진하자.

- 시대가 달라졌다. 남자 여자는 똑같이 좋다.

- 여자 아이는 남자 아이에 비해 조금도 손색이 없다. 누가 여자 아이를 남자보다 못하다 하는가!

- 여자 아이 남자 아이 모두가 중국의 미래이다.

- 여자 아이 남자 아이 모두가 민족의 희망이다.

- 여자 아이 남자 아이 모두가 미래의 후계자이다.

- 오늘의 여자 아이는 내일의 건설자

- 남자 아이든 여자 아이든 자연의 순리에 따르자.

- 여자 아이는 남자아이와 동등한 권리를 향유한다.

- 여자 아이의 합법적 권익을 법률로 지키자.

이 표어를 읽으면서 우리는 여자아이를 차별하고 있는 중국 사회의 현실을 확인하게 된다. 이 표어는 우리들에게 중국에서 지금까지도 여자아이는 남자아이와 똑같이 평가되지도 않고, 미래나 희망의 대명사로 불리지도 않는다는 것을 알게 해준다. 위에 나오는 문장 하나하나가 현시점 남녀평등 문제에 있어 중국이 매우 심각한 상태에 있다는 것을 토로하고 있다.

2006년 여름, 복건성 샤먼厦門 고속도로 톨게이트의 큰 광고판에는 '누가 여자 아이를 남자 아이보다 못하다 하는가'라는 글귀가 통과 여객을 꾸짖고 있었다. 도대체 인간평등을 외친 사회주의 30년의 장점은 어디에 남아있는 걸까? 남녀노소를 불문하고 모든 인민이 동등하게 대우받는 이상향 건설을 위해 매진하던 30년은 누구의 역사이던가? 전통이나 인습에 대한 구분 없이 공격했던 사회주의 30년이라는 시간도 수천 년 동안 누적되어 온 백성들의 계몽

"여자아이를 돌보는 것은 민족의 장래를 지키는 것이다."

을 위해서는 턱없이 부족했던가보다.

여자아이를 차별하지 말자는 표어는 또 우리나라의 상황을 떠오르게 한다. 여성차별 인식은 중국만의 문제가 아니기 때문이다. 최근 사회적 이슈로 떠오른 '된장녀', '개똥녀' 사건이 있다. 당사자가 다만 여성이라는 이유로 비난 받아야하는 부분이 매우 많았다. 이것은 여성을 차별하는 전근대적인 사고방식이 아직 우리 사회속에 광범위하게 자리 잡고 있기 때문이다.

외모로 볼 때 우리는 근대인의 탈을 쓰고 있는 듯 보이지만, 남녀평등에 대한 인식만은 전근대적 범주 속에 갇혀 있는 것이다. 그런 측면에서 남녀차별 의식에 대한 계몽은 공익광고를 활용하든 동네 게시판을 통하든 꾸준하게 추진되어야 한다. 적어도 우리 주위에서 '여자니까 치마를 입어야 해', '여자니까 얌전해야 해' 등의 말이 들려오고 있는 한 말이다.

여자 아이가 차별되고 있다는 내용의 열네 가지 표어 바로 아래 문장은 여자 아이를 버리거나 물에 넣어 죽이는 패륜 행위가 중국 일부 지역에서 행해지고 있음을 말해 주고 있다. 남아 선호 사상의

用法律武器保护女孩

大力宣传《中华人民共和国人口与计划生育
法》、《人口与计划生育技术服务管理条例》、
《婚姻法》、《妇女权益保障法》、《未成年人
保护法》、《母婴保健法》等法律法规。加强各
级计划生育技术服务机构、医疗机构及私人诊所
的B超管理。加强对终止妊娠药物的管理。严肃
查处弃溺、虐待女婴及非法鉴定胎儿性别和选择
性终止妊娠的违法犯罪行为。

"법률이라는 무기로 여자아이를 보호하자."

영향으로 여자 아이를 유기하고 익사시키는 사회 현상이 일부 지역 특히 농촌에서 자주 발생하고 있다는 내용에 소름이 돋는다. 첫째가 여자 아이일 경우 두 번째 출산이 허용되기도 하는데, 두 번째에도 여자 아이가 태어나면 그 존재를 거부하여 상황을 무의 상태로 되돌리고자 하는 것이다. 다른 게시판에는 한 가정 한 자녀 갖기 캠페인에 서약한 경우 누리게 될 혜택도 공지하고 있다. 여자 아이를 긍정적으로 받아들이도록 하기 위한 혜택일 것이다.

 - 산모는 국가가 규정한 출산 휴가 외에 35일간의 휴가를 가질 수 있다. 남편에게는 10일간의 간호 휴가를 준다.
 - 증명서 발급일로부터 자녀가 14세가 될 때까지 매월 보건비 10위안 (약 2천원)을 지급한다.
 - 은퇴 할 때는 평균 임금의 30%를 장려금으로 지급한다.

사회주의 정권이 수립된 1949년부터 불과 4년만인 1953년까지 중국 인구는 5억 4천만에서 5억 8천만으로 급증했다. 실로 모처럼 찾아 온 사회 안정의 결과였다.(광저우와 베이징의 도심)

● 인해전술

　　중국공산당은 6·25전쟁을 통해 우리에게 실재하는 그 무엇으로 알려졌었다. 그 이전에는 그저 마오쩌둥이나 국민당과의 합작으로 편성된 신편 제8로군의 약칭인 팔로군이라는 어휘를 통하여 우리는 그 존재를 어렴풋이 짐작하고 있었을 뿐이었다. 6·25전쟁의 막바지에 이승만 대통령의 경무대로 압록강 물이 배달되고 있었다. 한반도의 남북 양쪽에서 적어도 통일을 희망하는 자들은 모두 곧 통일이 될 것이라는 사실을 의심하지 않는 시점이었다.

　　그 즈음 중국 최고위층이 거주하는 베이징의 중남해中南海에서는 연일 긴박하게 회의가 열리고 있었다. 한반도에 인민해방군을 파견하는 문제를 두고 지도부가 갑론을박을 하고 있었던 것이다. 중국공산당 지도부는 북한과 소련으로부터 이미 지원요청을 받아두고 있던 터였다. 마침내 마오쩌둥은 사회주의 북한이 사라질 경우, 국경선에서 이른바 영미 제국주의와 직접 대면해야한다는 부담 등을 들어 참전을 결정했다. 중국은 참전한 시점부터 이 전쟁을 가리켜 지금까지도 '항미원조抗美援朝' 전쟁이라고 부른다. '미국에 대항하고 조선을 지원하기 위한' 전쟁이라는 것이다.

압록강에서 종전 소식을 기다리던 국군과 미군에게 그들이 일찍이 맛보지 못했던 전술이 다가오고 있었다. 인해전술이었다. 아군의 진지를 향해 끝도 없이 밀려오는 중국 인민해방군 병사들, 그것은 가장 무서운 전술이었다. 노래를 부르면서 꽹가리를 치면서 피리를 불면서 몰려오는 그들을 향해 총을 당기고 또 당겨도 하나가 쓰러지면 둘이 올라오는 장면의 연속플레이에 아군은 곧 무기력해졌다. 중국 쪽에서 볼 때 인해전술의 대성공이었다. 인해전술의 성공은 전술적 의미에서 우리의 통일 기회를 역사의 뒤편으로 사라지게 한 요인의 하나이다.

인해전술의 성공은 사람의 머릿수라는 힘에 대한 마오쩌둥毛澤東의 생각을 더욱 공고히 해 주는 계기가 되었다. 그러니까 마오쩌둥은 사회주의 혁명의 도로에서 사람 수가 곧 사회주의의 성공을 증명하는 잣대라고 굳게 믿고 있었다. 그것은 국민당과의 장기적인 투쟁에서 중국대륙 땅따먹기의 승패에 대한 현실적인 계산법이기도 했다. 땅덩어리의 확대와 사람 머릿수의 증가는 지극히 열악한 조건에서 전쟁을 수행하고 있던 홍군들에게 가장 큰 위안으로 다가올 수 있었던 것이다.

1921년 중국공산당의 창당부터 1949년 중화인민공화국 수립을 선포하기까지 근 30년 동안 공산당 지도부의 최대 목표는 세력 확산이었다. 국민당과의 1·2차 합작은 공산당으로서는 통일전선 전술의 모범적 구현이었지만, 사회주의 이론에서 통일전선 전술은 바로 세 불리기 작전이다. 세 불리기 작전의 성공으로 마오쩌둥은 대륙 지도에서 빨간색의 영역을 계속해서 확대할 수 있었고, 마침내 대륙의 패자가 되었던 것이다.

● 사회주의와 인구

물론 사회주의 체제의 인구 문제는 충분한 이론적 근거를 가지

인구연구소와 『남방 인구』 편집부(광저우 중산中山대학)

고 있다. 마르크스를 비롯한 사회주의 사상가들은 인구를 공산주의가 실현될 때까지 생산력을 보장해주는 강력한 수단으로 인식하고 있었다. 따라서 인구증가는 막아야할 부정적 대상이 아닌 과도기적 사회주의를 굳건하게 받쳐 줄 든든한 초석이었던 것이다.

공산주의라는 이상이 성공하는 그 날이 오면 모든 구성원은 그 수가 얼마가 되든지 간에 행복한 삶을 영위할 수 있는 것이다. 따라서 인구증가는 사회주의를 지탱하는 생산력으로나 공산주의라는 미래를 조망하기 위한 긍정적인 요소로 간주되었던 것이다.

사회주의 정권이 수립된 1949년부터 불과 4년만인 1953년까지 중국 인구는 5억 4천만에서 5억 8천만으로 급증했다. 실로 모처럼 찾아 온 사회 안정의 결과였다. 그리고 사람을 바로 생산력이라고 보는 공산당이 이론적으로 뒷받침한 결과였다. 자식을 많이 낳은 여성에게는 어머니 영웅이라는 칭호까지 수여했다. 아편전쟁 이후 1백 년을 따진다면 평균 증가율의 8배나 되는 엄청난 기록이었다. 정부 일각에서 그 무서운 증가속도에 주목하여 '피임 및 인공 유산

방법'을 공포하는 등 대책을 마련하기도 하지만 지속적으로 관리하지는 못했다.

그 즈음 유명한 경제학자 마인추馬寅初가 1980년대가 되면 중국인구가 12억이 되어 국가 경제발전의 발목을 잡을 것임을 경고하고 나섰다. 하지만 시대를 앞서 가는 그의 탁견은 인구 절대자원화시각으로 무장한 자들에 의해 근 1년 동안 중점적으로 비판당했다. 그를 향한 비판 분위기는 학술적 차원을 넘어 우파에 대한 정치적 투쟁으로 승격되어 1950년대 중반 중국을 휩쓸었다. 마오쩌둥까지 나서 마인추를 부르주아 인구학자로 공개 비판하였다. 마오쩌둥은 한걸음 더 나아가서 인구가 얼마가 되든지 간에 중국사회주의는 인민의 행복을 담보할 수 있다고 공언했다. 이후 개혁개방까지 가족계획을 언급하는 것은 금기시 되어왔던 것이다.

그래서 사람들은 중국을 거론할 때마다 중국의 인구에 대해서도 중국의 유구한 역사만큼이나 많은 말들을 한다. 이제 개혁개방의 물결이 일기 시작하면서 삶의 질 향상이라는 문제가 당면 최대과제로 부상하게 되었다.

● 1가정 1자녀

중국은 1980년부터 한 가정 한 자녀 법률을 시행하고 있다. 그럼에도 도시보다 농촌을 또 한족보다는 소수민족에 대한 법적용을 조금 더 관대하게 시행하고 있다. 한 명 이상의 자녀를 낳을 수 있는 예외조항이 분명한데, 상해를 입은 경찰과 각종 상의용사 등은 한 명의 자녀 출산 후 신청하면 두 번째 아이를 가질 수 있는 자격이 생긴다. 첫째 딸을 낳은 농민들 중 병원에서 유전성 질병이 없다는 확인을 받은 사람은 두 번째 아이를 가질 수 있다.

최근 지역적으로 1가구 2자녀 허용이 검토되고 있다. 상하이시 정부는 부부 쌍방이 모두 외동자녀일 경우 일정의 자격요건이 맞

을 경우 2자녀를 허용할 계획이라
고 했다. 인구 고령화로 2050년에
는 노동력 부족 현상이 나타날 것
이라는 우려 때문이라고한다.

중국이 가족계획법을 탄력적으
로 운용할 수밖에 없는 이유가 많
겠지만, 대표적인 문제가 출생신
고를 하지 않은 아이들 때문이라
고 할 수 있다. 부모들은 벌금 때
문에 아이들을 숨기고 있지만, 그
아이들은 사회에 나올 수도 없고
정규교육을 받을 수도 없다. 중국
의 문맹률을 높이는 원인이 되고,
시회 불안을 야기할 수 있는 존재
인 것이다. 또 벌금만으로 출산을

1가정 1자녀(광저우)

억제하는 방법은 많은 문제를 유발하고 있다. 돈만 있으면 아이를
낳을 수 있다는 인식이 확산되고 있기 때문이다.

이런 인구 정책은 돈만 있으면 무엇이든지 가능해지는 황금만
능주의의 상징으로 변질될 우려를 보이고 있다. 그런 반감을 희석
시키기 위해 각종 매스컴에서는 그와 관련된 여러 가지 홍보성 기
사들을 보도하고 있다. 예를 들면 현재 젊은이들 사이에 불고 있는
아이 안가지기 경향과 관련된 기사라든가 똑똑한 젊은이들은 결혼
을 늦게 하고 아이를 늦게 가진다는 기사 등등.

2006년 현재 중국의 총인구는 13억 1천만 명이었다. 가족계획
의 장기적인 시행에 따라 연평균 인구 성장률은 0.07%에 불과하지
만 사람 수로 따지면 매년 1천 2백만 명의 인구가 불어나고 있다.
중국 인구는 세계 인구의 21%를 점유한다.[24]

골목 게시판 "○○가 인구 및 가족계획 홍보 게시판"(광저우)

하지만 중국의 GDP는 세계의 3.4%에 불과하기 때문에 인구가 주는 부담은 여전한 것이다. 이제 중국의 인구문제는 세계적인 문제로 부각돼 중국정부 뿐만 아니라 세계적인 차원에서 중국의 인구과잉이 가져올 파장에 대한 연구가 진행되고 있는 실정이다. ■

이미지로 읽는 중화인민공화국

이 미 지 로   읽 는   중 화 인 민 공 화 국

05

개발 독재

1. 재개발

2007년 1월 나는 산동성의 수도 지난濟南에서 제일 높은 소피텔 플라자의 49층 회전 식당에서 점심식사를 했다. 49층에서 내려다 본 지난은 산동성의 수도답게 가지런히 정돈되어 있었다. 전통주택 지역이 보이고, 한쪽으로는 5층 정도의 상업지구가 보이고 또 20층 이상의 고층 빌딩군이 분명하게 구분되어 있었다. 하지만 한쪽에서는 도시 재편작업이 대규모로 진행되고 있었다.

● 철거

지금 중국은 도시 재개발 열풍에 휩싸여 있다. 도시가 재편되고 있는 것이다. 어제까지 멀쩡했던 건물이 사라지고 노상 다니던 길이 온데간데없다. 지도가 다시 그려지고 있다고 하는 것이 정확한 표현이다. 시내 한가운데 길을 막고 한 동네 전체를 불도저로 밀고 큰 망치로 부수고 있는 광경에 한국 관광객들은 사회주의라서 다르기는 다르구나하고 한마디씩 한다.

그 과감하고 재빠른 행보를 보고 있자면 그저 기가 막힐 따름이다. 하지만 사실 우리에게는 익숙한 장면인지도 모른다. 조국 근대화와 개발이라는 미명하에 매일 매일 함께 했던 것이 바로 그 같은 광경이고, 지금 이 순간까지도 개발의 논리가 다른 가치들을 압도하고 있는 것이 우리나라의 현실이기 때문이다.

대규모 철거 작업이 진행되고 있는 것을 바라보고 있노라면 수많은 상념이 뇌리를 스친다. 인부들이 집 꼭대기에 올라가 쇠망치로 내리치고 있다. 중국의 전통 가옥은 벽돌집이다. 벽돌로 된 건물은 적어도 수백 년의 수명을 보장한다. 그 견고한 벽돌집을 망치로 내리치고 있는 철거반 인부들을 보면 너무 힘들어 보인다. 수백 년을 튼튼하게 버티어 온 붉은 벽돌집에 대한 철거 작업은 현대식 콘

베이징 아니 중국의 대도시가 재편되고 있다. 밀어버리고 부수어 버리는데 특히 전통 가옥은 주요 처리 대상이다. 수백 년을 튼튼하게 버티어 온 붉은 벽돌집을 철거하는 작업은 현대식 콘크리트 건물을 부수는 장면과는 분명 다른 감상에 젖게 한다. (광저우)

크리트 건물을 부수는 장면과는 분명 다른 감상에 젖게 한다.

붉은 벽돌집은 수백 년의 살아 있는 역사 그 자체이기 때문이다. 파괴는 재창조를 위한 선행 작업임이 분명하지만 보존이 재창조보다 의미 있을 때도 있는 법이다. 때로는 보존 그 자체가 무엇보다 중요할 때가 있다.

베이징이 고향인 유명 감독 천카이거陳凱歌는 자신이 생각하는 베이징은 이미 사라졌기에 집밖으로 잘 나가지 않는다고 했다. 그는 덧붙이기를 베이징 고유의 리듬과 생활방식이 소위 근대화 발

전에 의해 바뀌었는데, 이런 생활환경과 방식은 매우 잔혹하며 심지어 폭력이 충만하다[25]고 토로한 적이 있다. 동서를 관통하는 마지막 학자 첸중수錢鍾書는 베이징에 거주하는 것만으로 상하이 친구에게 거드름을 피울 수 있다고 한 적이 있다. 그는 상하이나 홍콩으로의 이주를 거부하였다. 고전적이고 인문적인 베이징의 경관을 소중히 여겼기 때문이다.

낡고 사용하기 불편하다는 이유와 경제적 효율의 논리가 중국 곳곳에서 승리하고 있다. 철거와 구획정리의 광풍이 전통 골목과 전통 가옥의 씨를 말리고 있는 것이다. 한 해 한 해 베이징을 비롯한 대도시의 모습은 달라지고 있다. 이른바 고층빌딩으로 대표되는 전 세계적인 획일화의 길로 치닫고 있는 것이다. 전통주택 사합원四合院과 그것을 끼고 도는 골목인 후퉁胡同이 없으면 베이징의 특징은 사라지고 만다.

이제 몇 년 후면 베이징을 비롯한 중국의 대도시들은 서울이나 홍콩 같은 아파트 공화국의 모습으로 찾아오는 손님을 맞을 것이다. 옛 모습은 서점이나 관광 기념품 가게의 화보나 그림엽서에서 접하게 될 것이다. 그리고 경제적 논리에 의한 파괴가 얼마나 비경제적이었는지를 한탄하고 있을 것이다. 도대체 이런 후회는 얼마나 더 필요한가? 왜 우리나라나 중국의 근대화는 파괴로 상징되는 걸까?

중화인민공화국이 수립된 지 반 년이 못된 1950년 2월 중국이 낳은 대 건축가 량쓰청梁思成은 베이징의 고건축군을 위시한 구도심을 보호하고자 피를 토하는듯한 건의서를 올린다. 즉 당시 사회주의 혁명의 주도세력에 의해 적극적으로 검토되고 있던 구시가지 안에 행정 수도를 건설하는 방안에 반대하는 내용이었다. 베이징의 기존 시가지 배치가 완전무결하다는 것이 그 첫 번째 반대이유였다. 또 거대한 황궁과 고건축군은 새로 건설될 행정기관들 사이의 사무효율을 떨어뜨린다[26]는 이유가 뒤를 이었다. 이후 베이징이 파괴된 정도를 보면 모두가 부질없는 건의였다.

● 도시 재편

베이징 아니 중국의 대도시가 재편되고 있다. 밀어버리고 부수어 버리는데 특히 전통 가옥은 주요 처리 대상이다. 수백 년의 역사가 있는 골목길 전체가 순식간에 사라지는 것을 지켜보아야 한다. 식민주의의 상징이라고 유물 가치를 지닌 기차역을 부수고, 오래된 것은 신식건물과 어울리지 않는다고 없애버린다.

저명 작가 펑치차이馮驥才 등 지식인들이 문화적 책임감의 측면에서 전통 골목이나 건축물에 대한 보호운동에 앞장을 서고 있다.

전 세계 환경운동가들도 벌써부터 베이징 전통 골목 보호운동에 열심이다.

하지만 환경운동가나 지식인들이 과연 저 도도한 개혁개방의 물길을 바로잡을 수 있을지는 의문이다. 그들의 노력이 절체절명의 진리로 추앙 받고 있는 개혁개방의 논리가 천하를 제패하고 있는 중국에서 개발을 진두지휘하고 있는 지도자들에게 작은 경고라도 되기를 바랄 뿐이다.

한국의 첫 하버드 박사 출신의 건축학자 조자룡은 박정희 대통령에게 '슬레이트 지붕 아이디어'를 제공한 장본인이었다. 그렇게 해서 1970년대 우리나라 농촌에 대대적인 지붕개량 사업이 전개되었다. 그는 곧 실수를 깨달았지만 근대화라는 이름으로 자행되는 초가지붕 멸종을 막을 수는 없었다. 그는 평생토록 참회하면서 우리 민속연구에 매진했다고 한다.[27] 나는 다 부순 다음 후회하고 있는 우리의 아픔을 중국이 다시 맛보기를 원치 않는다. 길 크게 내고 화장실을 현대식으로 바꾸는 것만이 근대화는 아니다. 뉴타운이라는 미명이나 재개발이라는 명분으로 도시 전체를 똑같은 콘크리트 건물 군으로 변화시키는 것이 근대화는 아니다. 그들은 경제 논리를 앞세워 추진하고 있지만, 전통적 공간의 보존을 통한 관광수입이 국가 경제를 이끌어가고 있는 이태리 등 관광대국을 살펴 볼 필요가 있다.

경제발전과 근대화는 굴뚝공장만이 가져다 줄 수 있는 것은 아니다. 자동차 한 대 수출하는 것 보다 베이징 전통 골목에 관광객한 명 더 오는 것이 훨씬 더 아름다운 경제 발전임을 깨닫게 되면 때는 이미 늦은 것이다. 전통 공간이 사라진 만큼 앞으로 '인민'들의 생활은 무의미하게 바빠질 것이다.

이미지로 읽는 중화인민공화국

● 만리장성의 경우

'장성에 못 가본 자, 사나이가 아니다不到長城, 非好漢'. 만리장성에 도착하면 마오쩌둥의 글씨가 곳곳에 보인다. 바람에 휘날리는 깃발에서도, 기념품 가게의 접시에서도 명필로 인정받은 그 독특한 글씨체를 뽐내고 있다. 만리장성이 정말 만 리가 될지는 잘 모르겠지만, 보는 순간 탄식이 절로 나온다. 높은 산에 끝도 없이 연결된 담장에 기가 질리고 또 그 견고함에 질린다. 바로 저것을 건설하기 위해 얼마나 오랫동안 얼마나 많은 사람이 시달렸을까 하는 생각도 든다. 비단 나만이 이런 복잡한 기분을 느끼는 것은 아닐 것이다.

요즈음도 만리장성의 명소인 팔달령八達嶺은 전국 각지에서 온 관광객과 외국인으로 인산인해를 이루고 있다. 장성의 입장권(박물관, 영화관 포함)수입만 따져도 엄청난 액수일 것이다. 한 쪽의 장성이 이렇게 국가 수입 증진에 혁혁한 공을 세우고 있는 반면에, 다른 한 쪽에서는 파괴가 진행되고 있다. 현재 장성의 3분의 1 정도는 양호한 편이나, 나머지 3분의 1은 복구할 수 없을 정도로 파손됐거나 아예 흔적도 없이 사라졌다고 한다.

관광객들에게는 베이징 근처에 있는 팔달령 장성이 많이 알려져 있지만 이것이 전부는 아니다. 내몽고를 거쳐 산서성까지, 위쪽으로는 친황다오秦皇島까지 뻗어 있다. 어느 마을에서는 두 공장을 합치기 위해 공장 중간을 가로지르던 장성 1백 미터를 없애버린 일도 있었다. 나중에 문화재보호 관리국에서 적발하여 벌금을 물렸는데, 벌금은 고작 우리 돈 3만원에 불과하였다고 한다.

또 내몽고 바오터우包頭에서는 고속도로를 넓히는 과정에서 길을 막고 있는 장성을 완전히 허물어 버린 일도 있었다. 중국에서도 근대화는 재개발을 우선하면서 진행되고 있다. 우리나라와 중국은 근대화 과정 중에서 자신의 것을 제대로 보존하지 못하는 공통점을 지니고 있다.

2. 아파트

2007년 여름 나는 우리나라에서 텔레비전을 보고 있었다. 이른바 부자들의 성공담을 소개하는 프로그램이었다. 취지는 성공한 부자들의 부지런함을 부각시키는 것이었는데, 그들은 분명 남들과 달랐다. 그들은 모두 굶기를 밥 먹듯 했던 어린 시절을 보냈고, 이후 돈을 벌어야겠다는 욕망을 단 한 순간도 포기한 적이 없었다. 그런 점에서 그들은 부자가 되기 위한 조건을 일찌감치 갖추고 있었다. 하지만 어떤 사람은 부동산 투자를 해야 돈을 벌 수 있다는 점을 대단한 비결인양 공개했고, 또 한 사람은 과거 20년 동안 30번 넘게 이사했음을 자랑스레 말했다.

프로그램 내내 누가 부동산을 얼마나 가지고 있는가를 강조하고 있었음을 감안하면, 결국 우리나라의 부자는 대부분 부동산을 굴려서 그들의 욕망을 달성했음이 틀림없는 것 같다. 게다가 공영방송은 부자들의 근검을 부각시키려는 본래의 의도를 벗어나 부동산 투기만이 부자가 되는 비결임을 강조하는 꼴이 되어버렸다. 그때 나는 자신이 사는 집 이외에 집을 소유하는 것이 죄악시되는 싱가포르로 이민 가고 싶다는 생각이 들었다.

우리나라에서는 지금 이 순간에도 부동산은 투기의 대상이다. 지금도 친구들을 만나면 자신이 사는 아파트가 얼마 올랐고, 어느 곳의 땅값이 싸다는 이야기가 화제의 대부분을 차지한다. 우리는 대화를 나누면서 성공했다는 안도감에 행복해 하거나 아니면 후회막급의 심정이 되어 비통해 한다.

지금 우리는 여러 개의 부동산 중개인 사무소에 의해 포위된 아파트 단지에서 살고, 공인중개사 자격증 시험에 수십만이 응시하는 나라에 살고 있다. 중국에도 부동산 투기 광풍이 불어닥친지 오래이다. 그리고 어디 땅 얼마 올랐다고 자랑하는 이웃들, 어디 아파

중국에도 부동산 투기 광풍이 불어닥친지 오래이다.(광저우의 부동산 중개소)

트 사서 두 배 올랐다고 말하는 친척들 속에서 살아가고 있다.

영화 〈센과 치히로의 행방불명〉은 인간의 한없는 욕심을 경고하고 있다. 감독은 주인 없는 식당에서 음식을 닥치는 대로 먹는 탐욕스러운 인간을 돼지로 만들어버려서 응징한다. 내 것이 아닌 것을 먹는 것, 일하지 않고 살아가는 것, 필요 이상 원하는 것에 대한 응징 말이다. 앞으로 두 번 다시 이런 경고를 받기 어려울지도 모른다. 내 것이 아닌 것을 먹는 자, 일하지 않고 살아가는 자, 필요 이상으로 원하는 자는 인간답게 살 수 있는 가능성을 포기해야 할지도 모른다.

● 투기 광풍

베이징소재 유명대학 중문과의 모 교수는 몇 년 전부터 아파트 이야기를 자주 했다. 한국에서 보통 아파트 값은 얼마인가? 모든

요즘 중국 대도시 번화가를 걷다보면, 길거리에서는 무시로 아파트 분양 광고지를 나누어 주고 있다. 길거리에 떨어져 있는 사무실 분양 광고지(광저우)

사람들이 다 아파트에 살고 있느냐? 등등의 질문을 하곤 했다. 그리고 마지막에는 꼭 자신도 아파트를 곧 살 것이라는 얘기를 빠뜨리지 않았다. 지난번 사스 파동 때 안부 전화를 했는데 아파트를 샀다는 얘기를 자랑스럽게 했다. 중국에 갈 때마다 아파트 단지가 늘어나는 것을 보면서 중국 역시 근대화의 대가를 지불하고 있음을 확인한다.

　요즈음 중국 대도시 번화가를 걷다보면, 길거리에서는 무시로 아파트 분양 광고지를 나누어 주고 있다. 평방미터 당 인민폐 7천 8백 위안(약 160만원)이라고 하면서, 10분 안에 인근의 각종 쇼핑 광장으로 갈 수 있다고! 주위에 초등학교부터 대학까지 있다고! 월 2천 위안(약 40만원)으로 자기 집을 소유할 수 있다고! (이상 광저우 주택가의 경우) 24시간 출입 감시 시스템을 자랑하는 고급 아파트는 이제 또 하나의 소통 차단 기제로 등장하고 있다. 사회 내 또 다른 사회로 그들만의 생활공간으로 거듭나고 있는 것이다.

중국어로 투기를 차오炒한다고 한다. 차오炒는 볶는다는 뜻이니, 볶음밥은 차오판炒飯이 된다. 아파트 투기는 차오팡炒房이고, 땅 투기는 차오디炒地이다. 개혁개방 이후 중국에 아파트와 땅을 볶는 열풍이 불고 있다. 두 사람만 모이면 차오팡이나 차오디라는 말이 들려온다. 이제 그것을 잘하면 능력 있는 사람이 되고, 그것에 둔감하거나 도외시 하는 자는 집 한 칸 없이 평생을 전세로 전전하게 될 것이다. 정직한 노동의 대가로 산다는 내 신념대로 버티면 남들이 내 몫까지 가지고 가는 세상이다. 그래서 아파트 수십 채 소유한 자들의 손가락질을 받게 될 것이다 – 시장 경제에 적응하지 못한 무능한 놈이라고.

홍콩에서 살 때 가장 신기하면서도 이해할 수 없었던 것은 고층 아파트였다. 이쪽 아파트에서 손만 뻗치면 닿을 것 같은 곳에 세워진 고층 아파트를 쳐다보면서 나는 숨을 쉬기조차 어려웠다. 그래도 비싼 집들은 산꼭대기 근처의 단독주택이었는데, 갈수록 수가 줄어들고 그 자리를 고층 아파트가 차곡차곡 대신하고 있었다. 고층 아파트는 마치 굶주림을 해결하려는 듯이 일반 주택과 저층 건물을 삼키고 있었다.

이제 우리나라도 마찬가지이다. 주거 공간을 생각할 경우 아파트가 떠오른다면, 아파트라는 규격화된 공간은 이미 나를 지배하고 있다. 그만큼 우리의 생각은 도식화 되어 가고 새장처럼 좁아져 갈 것이다. 아파트는 우리의 생각을 단순한 쪽으로 획일화시키는 독재자의 역할을 충실히 담당하고 있다. 아파트의 공세로부터 자유로운 지역은 없다.

아파트는 주거 공간의 새로운 이름이었고, 사람은 사람 자체보다는 그 사람이 살고 있는 아파트의 평수나 단지 이름으로 기억되고 있었다. 이른바 개발이라는 이름하에 도심의 자연스런 주거 형

이제 중국에서 길을 걷다보면 자신도 모르게 소비의 광장으로 들어선다. 대중 집회로 대변되던 중국의 광장은 소비의 광장이자 경쟁의 광장으로 변신하고 있다.(광저우의 백화점과 쇼핑센터)

중국의 백화점은 이제 선진국 최고급의 그것과 수준을 맞추고 있지만, 골목 시장에는 값싼 저질 제품만 가득하다.(광저우의 한 백화점)

정치의 광장은 쇼핑의 광장으로 연결되고, 공원도 쇼핑과 오락의 광장으로 연결되고 있다.(지하철과 연결된 광저우의 쇼핑센터)

태를 없애버리고 그 자리에 빼곡히 고층아파트를 세우고 있다. 왜 가난한 사람은 도심에서 살 수 없는 걸까? 왜 도심에서 살면 안 되는 걸까?

현시점 중국에서는 백화점과 재래시장, 고급 승용차와 우마차, 택시와 자전거, 고급 음식점과 굶주림이 서로의 입장 차이를 확인하면서 그 차이가 급격하게 확대되고 있다. 중국의 백화점은 이제 선진국 최고급의 그것과 수준을 맞추고 있지만, 골목 시장에는 값싼 저질 제품만 가득하다.

아파트를 사고 다른 아파트를 사면서도 여전히 배고픈 자들의 초상이 보인다. 그리고 평생 동안 아파트 한 채를 소유하기 위해 몸부림치는 무리들을 본다. 앞으로 다수의 '인민'들은 상대적 박탈감에 시달리며 잠 못 드는 밤이 많아질 것이다.

영화 〈플래툰〉은 살육의 베트남 광장을 연출했다. 이제 중국에서 길을 걷다보면 자신도 모르게 소비의 광장으로 들어선다. 대중 집회로 대변되던 중국의 광장廣場은 소비의 광장이자 경쟁의 광장으로 변신하고 있다. 요즈음 중국어로 광장은 쇼핑몰이나 백화점을 가리키는데, 광장의 수가 너무 많아 도시 전체가 쇼핑몰로 전환되고 있음을 느낀다. 정치의 광장은 쇼핑의 광장으로 연결되고, 공원도 쇼핑과 오락의 광장으로 연결되고 있다.

언제부터인지 홍콩에서 길을 걷다 보면 부지불식간에 쇼핑몰로 들어서게 되었는데, 중국에서도 이 같은 상황을 접하면서 거대한 자본주의를 실감한다. 광고와 빌딩은 광장을 포위하고 공원을 노려본다. 지하철과 쇼핑광장은 악어와 악어새의 관계처럼 적절한 장면을 연출하는데, 그 자연스러움이란 쇼핑을 위한 지하철로 인식될 정도이다. 소비 광장의 수가 많아지고, 그 넓이가 넓어질수록 중국인들 마음속의 방은 좁아질 것이다.

현시점 중국에서는 백화점과 재래시장, 고급 승용차와 우마차, 택시와 자전거, 고급 음식점과 굶주림이 서로 입장차이를 확인하면서 그 차이가 급격하게 확대되고 있다. (광저우 중심가)

이 미 지 로　읽 는　중 화 인 민 공 화 국

06

종교 열풍

1. 마오쩌둥[28]

중국에서 택시를 타면 기사 옆 실내 백미러에 마오쩌둥 사진이 걸려 있는 것을 자주 보게 된다. 그럴 때마다 나는 기사의 반응이 보고 싶어 '기사님, 마오쩌둥 좋아하세요?' 라는 질문을 던져 본다. 반응은 대개 두 가지로 나타난 것 같다. 하나는 복스러운 얼굴의 소유자인 마오쩌둥이 안전을 보장해주는 보살님이나 재물을 가져다주는 재물신이라는 대답이다. 그런 대답은 유쾌한 웃음과 함께 나온다. 하지만 이쪽의 의도를 드러내는 말을 보태지 않으면 그 이상의 대답을 듣기는 어렵다. 그들의 어색한 너털웃음과 더불어 나도 역시 쓴웃음을 짓고 만다.

● 재신

마오쩌둥은 부르주아를 타도하기 위해 30년 동안의 간고한 세월을 견디어냈다. 그래서 마침내 사회주의로의 혁명을 성공시켰다. 하지만 그것도 모자라 건국 후 다시 30년을 하루도 빠짐없이 영원한 혁명을 외치면서 인민을 몰아붙였다. 개혁개방 이후 아무리 세상이 거꾸로 돌아간다 하더라도 마오쩌둥이 바로 돈을 벌게 해주는 재신이라는 등식은 슬픈 비유가 아닐 수 없다. 그래서 재신 운운하는 기사들은 말끝을 흐리는 것이다.

왕자의 신분으로 태어나 모든 것을 던져버리고 석가모니는 성불했다. 하지만 생로병사나 부귀영화로부터의 해탈을 외쳤던 그는 이제 불자들의 사사로운 기복대상으로 전락했다. 석가모니나 마오쩌둥이나 모두 복을 비는 대상이 되었다는 사실은 인간의 끝없는 욕심을 증명하는 것이기도 하다.

다른 무리의 반응은 직접적이고도 격렬하다. '나 기다리고 있었소, 당신이 안 물어보았으면 내 숨통이 어떻게 되었을 거요'라는 식의 격정이다.

나는 마오쩌둥을 숭배한다. 당신도 알다시피 지금 나라꼴이 엉망이다. 빈부격차 한번 봐라! 있는 놈들 돈 쓰는 것 좀 봐라! 적어도 마오 주석 당시에는 우리는 조금 가난했지만 빈부격차는 없었다. 마오 주석의 시대로 되돌아가야 한다. 이 꼴을 보면 마오 주석이 지하에서 뭐라고 하겠나?

개혁개방이래 누적되었던 빈부격차로 인해 서민들의 불만이 폭발하려는 시점인 1993년에 마오쩌둥 열풍이 전국을 휩쓸었다. 마오가 영화로 드라마로 책으로 부활해서 개혁개방의 부작용에 지친 인민들을 위로했던 것이다. 2009년 건국 60주년을 맞이 하면서 마오쩌둥 선풍이 다시 불고 있다. 그때는 모두가 가난했지만 적어도 오늘날과 같은 빈부격차는 없었다는 것이다.

어떻게 보면 재물을 가져다주는 재신으로 모시는 쪽이나 빈부격차가 싫어 그를 흠모하는 쪽이나 이유는 다르지만, 혁명을 향한 마오쩌둥의 파란만장한 일생이 그리고 그의 이상주의가 고단한 경쟁사회를 살아가는 현재의 중국인들에게 위로가 될 수도 있겠다. 이런 분위기에 맞춰 2009년 9월 마오쩌둥의 손자인 마오신위毛新宇 장군이 마오의 국경일을 만들자는 제안을 하여 언론의 주목을 받았다.

녹차를 좋아한 마오쩌둥은 잎사귀까지 씹어 먹었다고 한다. 차를 우려낸 물만 마시고 찻잎을 안 먹는 것이 이상하다는 것이 그 이유이다. 그는 평생 양치를 한 적이 없다. 그에게 치약과 칫솔을 이용한 남들의 방법은 의미가 없었다. 우려낸 차만 마시고 차 잎을 안 먹는 사람들을 이해 못하던 그는 평생 차 잎을 꼭꼭 씹어 먹기도 하였고 그것으로 치아를 닦았다. 그는 밤과 낮을 바꾸어 살았는데, 야간을 이용하여 게릴라전을 수행하던 때의 습관이 죽을 때까지

티셔츠에 새겨진 마오쩌둥 – 글귀는 "대해를 항행하려면 조타수에게 의지해야 한다"는 뜻이다.(베이징)

지속되었다. 그의 사생활은 은밀해서 가족조차 쉽게 접근할 수 없었다. 그는 그렇게 남들과 달랐다. 혁명을 좋아하는 자 매운 고추를 좋아한다고 한 마오쩌둥은 매운 것을 좋아하는 호남성 사람이다.

최근 충칭重慶에 세워진 마오쩌둥 초대형 동상 때문에 그에 대한 논란이 증폭되고 있다. 2008년 마오쩌둥 탄신 115주년을 맞이하여 충칭에 중국 최대의 마오쩌둥 동상이 등장했다. 충칭의과대학 교내에 세워진 동상은 얼굴 크기만 20.6미터이고, 좌대의 높이가 16.8미터로서 전체적으로 10층 건물 높이라고 한다.

초대형 동상의 등장을 두고 찬성과 반대 논쟁이 한창이란다. 일찍이 문화대혁명 초기인 1967년 5월 칭화대학淸華大學 교내에 처음 들어선 마오쩌둥 동상은 이후 전국적인 건립 열풍으로 한때 충칭에만 3백 개가 넘었다.[29] 개혁개방과 함께 동상이 철거되기 시작하여 이제 전국적으로 볼 때 그렇게 많지는 않지만, 상하이의 푸단대학復旦大學 · 베이징화공대학北京化工大學 등과 같은 교육기관에서 심심치 않게 볼수 있다.

이미지로 읽는 중화인민공화국

골동품 가게의 마오쩌둥 상(베이징 왕푸징)

　마오쩌둥은 신격화되기도 상품화되기도 하여 여전히 중국인의 신변에 살아있다. 그의 사진은 가정집이나 상점에서 재물신의 형태로 걸려 있기도 하고, 열쇠고리로 또는 자동차 장식용 걸개로 만들어져 호객을 하고 있다. 혁명의 화신 마오쩌둥이 미신의 범주로 전락한 것인데, 사실 이것은 역사 속의 영웅들을 신격화하는 중국인들의 버릇 때문이다. 그리고 이것은 살아생전 그 자신이 의도하던 바와 크게 어긋나는 것은 아니다.

● 신격화

　왜냐하면 그는 민중의 진정한 해방을 원하지 않았기 때문이다. 진정한 해방은 참된 계몽에서 출발하는 것인데, 그가 중국을 지배하는 동안 반계몽적 분위기가 전국을 무겁게 지배하고 있었다. 어떤 원숭이가 밤에 숲에 불을 지르고는 스스로를 어둠을 밝히는 계몽의 화신이라고 하더라는 비유가 더욱 실제적인 설명을 해준다.

일찍이 철학자 칸트는 혁명을 통한 계몽은 주장하지 않았다. 혁명은 정치적 속박을 벗겨낼 수는 있어도 진정한 개혁은 가져올 수 없다는 것이 그 이유였다.[30) 중국식 표현으로는 말위에서 천하를 얻을 수 있어도, 말 위에서 천하를 다스릴 수는 없다 일 것이다.

『인민일보』 부주필을 지냈던 왕뤄수이王若水의 회고에 따르면, 공산당 중앙위원이었던 커칭스柯慶施는 공개석상에서 마오 주석을 믿으려면 미신의 정도까지, 마오 주석에게 복종하려면 맹종의 정도까지 해야 한다고 주장하여 곧바로 정치국 위원으로 발탁되었다[31)고 한다. 당시 마오쩌둥의 신격화 정도를 이해하기 위해서는 요즈음 북한의 김일성 - 김정일 우상화 장면을 보면 된다.

2003년 8월 대구에서 개최된 세계유니버시아드대회에 온 북한 응원단과 선수단이 고속도로 톨게이트 부근을 지나다가 김정일 국방위원장의 사진이 인쇄된 플래카드가 비를 맞고 있는 것을 발견했다. 이들이 발견한 플래카드 좌측에는 한반도기가 그려져 있었고, 우측에는 김정일 위원장과 김대중 전 대통령의 사진이 각각 인쇄되어 있었다. 가운데 부분에는 '북녘동포여러분 환영합니다. 다음에는 남녘과 북녘이 하나 되어 만납시다'라는 문구가 기재되어 있었다.

그들은 즉각 우리 측에 '장군님 사진을 이런 곳에 둘 수 있느냐'며 항의했다. 북한 응원단과 선수들은 버스를 정지시키고 모두 내린 뒤 5백여 미터를 되돌아갔다. 그리고 '장군님의 사진을 이런 곳에 걸어둘 수 있느냐'고 눈물을 흘리며 플래카드 4개를 모두 떼어냈단다. 이어 이들은 인물 사진 부분이 앞으로 나오도록 플래카드를 접은 뒤 마치 '그 분'을 모시듯이 하고 버스로 되돌아갔단다. 이 소식을 접하면서 나는 사회주의 중국의 30년을 떠올렸다. 30년 동안 마오쩌둥은 그렇게 미신으로 군림했던 것이다.

이미지로 읽는 중화인민공화국

마오쩌둥 열쇠고리(광저우)

마오쩌둥 관련 서적만 모아 놓은 서가(광저우)

마오쩌둥 흉상(베이징)

마오쩌둥 흉상(베이징)

마오쩌둥 가방(베이징)

베이징 천안문의 중앙에는 거대한 마오쩌둥 초상화가 걸려있다. '중국공산당만세', '전 세계 노동자여 단결하라'는 구호가 함께한다. 1980년 덩샤오핑은 유명 기자 팔라치와 인터뷰하면서 천안문에 마오쩌둥의 초상을 언제까지 걸어놓겠느냐는 질문에 그의 공로에 비하면 과오는 이차적인 것이기에 영원히 보존할 것이라고 했다. 즉 마오쩌둥의 과오는 문화대혁명 시기를 포함해서 30퍼센트일 뿐이고, 나머지 70퍼센트가 그의 공로라는 것이다.

마오쩌둥은 현대 중국 바로 그 자체라고 할 수 있다. 그를 모르고는 현대 중국에 대한 이해가 불가능하다는 뜻이다. 현대 중국을 통틀어 가장 영향력 있는 사람이었고, 역사의 방향 전환에 결정적인 영향을 끼친 사람이기 때문이다. 그래서 중국은 천안문 광장의 마오쩌둥 기념관에 그를 미라 상태로 보관하고 있는지도 모른다.

죽은 마오쩌둥은 지하가 아니라 지상에 있다. 천안문광장 그러니까 베이징성의 정문인 전문前門과 자금성의 정문인 천안문 사이인 천안문광장 한 복판의 마오 주석 기념관에 미라 상태로 있다. 그것을 바라보노라면 마오쩌둥은 마르크스와 진시황의 결합[32]이라는 주장이 뇌리를 스친다. 역사학자 임지현의 지적대로 박정희와 김일성의 공통점이 기술로서의 근대는 수용하지만 해방으로서의 근대는 부정하는[33] 것이라면, 마오쩌둥 역시 인간의 진정한 해방을 원하지는 않았다. 마오쩌둥이 원했던 것은 모든 인민이 자신의 권위에 무조건적으로 복종하는 것이었다.

일주일에 두 시간씩 네 번 공개하는 마오 주석 기념관에서는 시간에 맞춰 항상 장사진이 연출된다. 평생 한 번 마오쩌둥 기념관을 구경하고자 전국 방방곡곡에서 올라온 '인민'들이다. 마오쩌둥이 바로 그 안에 누워있기 때문이다. 1976년 9월 9일 사망하여 지금까지 그는 미라 상태로 있다. 자세히 볼 시간은 주지 않지만, 응시한 결과 국기인 오성홍기를 이불 삼아 인민복을 입고 뽀얗게 화장을

상점에 기복신앙으로 들어앉은 마오쩌둥(광저우)

한 그의 얼굴이 부어 보인다.

● 독서광

비교적 부유한 중농의 집에서 태어난 마오는 어릴 적부터 아버지와 사사건건 충돌하는 문제아였다. 사실 문제아라는 것은 그것을 보는 각도에 따라 의미의 편차가 매우 크다. 즉 아버지의 입장에서 볼 때는 마오가 자신의 뜻을 따르지 않는 불효자일 테고, 마오의 입장에서 보면 아버지는 자식의 꿈을 짓밟는 답답한 시골농부일 뿐이다. 마오쩌둥의 아버지는 아들이 공부하는 것을 원하지 않았다. 아버지는 집안에 할 일이 태산 같은데 일은 안하고 책만 보고 있는 마오쩌둥이 못마땅했던 것이다.

마침내 16세의 마오쩌둥은 아버지를 떠나 집을 나간다. 중국의 역사가 바뀌는 순간이었다. 어릴 때의 경험으로 마오쩌둥의 머릿속에 '모든 반항에는 이유가 있다'는 사상이 자리 잡게 된다. '모든 반항에는 이유가 있다造反有理'는 말은 그의 정신을 한마디로 정리

마오쩌둥 탄생 110주년 기념 DVD(베이징)

종교 관련 도구를 파는 가게의 마오쩌뚱 사진
(광저우)

한 것이라고 할 수 있다. 인간이 반항한다면 그 이유가 있고, 누구를 비판한다면 그 이유가 있는 것이다. 역발상의 전문가이자 탁월한 문제의식의 소유자답다. 불가능하다고 본 혁명을 실현시켰다는 점에서 그리고 사회와 개인의 문제의식을 고양시켰다는 점에서 그는 죽어서 신이 되었다.

호남성의 수도인 창사長沙에서 공부를 하는 동안 시대사조였던 반청反淸혁명사상의 영향을 받았다. 1911년 10월 신해혁명이 일어나자 혁명군에 입대하였다가 1912년 제대한 뒤 호남 제1사범학교에 입학하였다. 무릇 모든 지도자에게 상응하는 스승이 있듯이 그는 이 학교에서 영국에 유학하고 돌아와 중국의 봉건사상 비판에 힘썼던 교사 양창지楊昌濟를 만나 자신의 사고틀을 확립하게 된다.

1918년 신문화혁명의 중심인 베이징으로 간 그는 베이징대학 도서관에서 사서로 근무하게 된다. 이후 그는 학회 등 각종 활동에 열심히 참여하면서 자신의 개인사에 있어 가장 값진 결실을 거둔다. 역사적으로 볼 때 나폴레옹을 비롯하여 도서관에서 근무하면서 내공을 쌓아 거대한 발자국을 남긴 영웅이 하나둘이 아니다. 마

서점에 가득한 마오쩌둥 전기(베이징)

오쩌둥 스스로도 독서에 탐닉했던 당시를 자주 회상하곤 했는데, 그가 베이징대학 도서관의 장서를 통해 인생의 목표와 자신의 사상을 확립했다는 점은 분명하다.

아무튼 마오쩌둥은 해외 유학을 하지 않고 최고의 정보를 도서관에서 접했던 것이다. 독서량에 있어 이미 경쟁자인 국민당의 장제스蔣介石를 능가하고 있었다. 중국의 현실을 볼 때 농민을 혁명의 중요 동력으로 삼아야 성공 할 수 있다는 자신의 철학을 확립한 것도 그 무렵이었다.

그런 철학은 이후 실전에서도 위력을 발휘했지만, 실전이라는 과정을 거쳐 『지구전론』(1938) · 『신민주주의론』(1940) 등의 책으로 구체화된다. 그가 동양인으로는 드물게 혁명적 사상가라는 위치에 오를 수 있었던 이유는 바로 자신의 경험과 이론을 상호 결합할 수 있는 통합능력에 있었다. 그는 그 능력의 기초를 베이징대학 도서관에서 길렀던 것이다.

중국공산당 3차 당대회 시기 마오쩌둥 숙소(광저우)

● 농민 우선

그는 1921년 상하이에서 극비리에 개최된 중국공산당 창당대회
의 발기인 13인 중의 한사람이었다. 그렇게 본다면 마오는 중국공
산당의 역사와 함께 현대사에 등장했다. 1927년 국민당과 공산당
의 1차 합작이 결렬된 뒤 마오는 홍군 3천 명을 조직하여 정강산井
岡山에 들어가 근거지를 중심으로 하는 중국공산당의 투쟁사를 열
었다.

1934년 10월 그는 8만 명의 홍군을 이끌고 국민당군의 추격을
뿌리치면서 섬서성 옌안延安까지 1만 2천 킬로미터를 걸어서 이동
했다. 1년 뒤 출발 인원의 10퍼센트만 생존했음을 볼 때 그 처절했
던 탈출 과정을 잘 알 수 있다.

이른바 대장정大長征이었다. 북부 내륙 깊숙한 곳으로의 도피행
군이었음에도 대장정이라고 하는 이유는 이 작전을 통해서 중국공
산당이 생존할 수 있었기 때문이다. 살아남은 8천명은 한 사람 한
사람이 중국사회주의 역사에 있어서 살아있는 전설이 되었다.

이 대장정을 통해서 마오쩌둥은 당내 최고지도자가 되었기에

이미지로 읽는 중화인민공화국

중국공산당 3차 당대회 시기 공산당 대표 숙소의 마오쩌둥 밀랍인형(광저우)

그에게 그것의 의미는 각별하다. 그는 장정 도중 귀주성 쭌이遵義에서 당 지도권을 장악하였다. 당시 중국공산당의 혁명 지침은 러시아 모델을 본받고 있었다. 전 세계의 사회주의 혁명을 지휘하고 있던 코민테른은 러시아의 혁명방식인 도시 노동자가 혁명의 주체가 되는 정책을 강요하고 있었다.

마오쩌둥은 상공업이 발달하지 않은 중국의 현실로 볼 때 도시 노동자가 혁명의 주요 동력이 될 수 없다는 점을 일치감치 간파하고 있었다. 그래서 그는 도시 노동자가 혁명을 담당해야 한다는 코민테른 노선에 일관되게 반대해 왔었다. 그는 대장정의 도중에 당권을 장악했고 기존의 노선은 완전히 포기되었다. 이후 농촌이 도시를 포위한다는 마오쩌둥의 전략이 구현되기 시작하였던 것이다.

마오쩌둥 달력(광저우)

● 지식인 혐오증

지식인에 대해 마오쩌둥은 이렇게 말한 적이 있다. 지식인은 '털'이기 때문에 반드시 프롤레타리아라는 이 '가죽'에 의지해야 한다.[34] 마오쩌둥은 지식인을 좋아하지 않았다. 그는 지식인이 가장 지식이 없으며, 영혼 역시 노동자 농민보다 깨끗하지 못하다고 말한 적이 있다. 그래서 지식인을 노동자 농민 보다 낮은 지위에 배치했던 것이다.[35]

하지만 사회주의 공간에서도 계몽의 중요한 수단으로 문학이 떠오르고, 가장 중요한 역할을 하는 사람은 작가 즉 지식인이 된다. 작가는 작품을 통하여 수많은 사람들에게 영향을 끼친다. 이러한 이유로 마오쩌둥은 중국 사회주의 역사의 고비마다 작가들에게 관심을 기울였던 것이다. 그 시작은 1942년 공산당의 집단 피난처였던 옌안이었다. 국민당에 의한 장기간의 포위 작전과 돌출되기 시작한 내부 갈등으로 옌안은 동요하기 시작했다.

정풍운동은 내우외환의 위기에 처한 시기에 마오쩌둥이 꺼낸

비장의 카드였다. 이때 그는 옌안에 거주하던 작가들을 불러 모아 문예정풍대회를 열었다. 대회의 개회사와 폐회사를 모은 것이 마오쩌둥의 저 유명한 「옌안 문예 강화」라는 것이다.

그는 노동자 · 농민 · 병사만을 생각하는 문예를 중요시하고, 문예와 생활을 연결하는 문예를 강조했다. 즉 작가들에게 노동자 · 농민 · 병사들의 생활 속에 들어가 글을 쓰라고 했다. 마오쩌둥은 문예는 공산당의 지휘 아래에 있다고 하면서 작가의 자유로운 창작을 억압했다. 그들에게 먼저 프롤레타리아 세계관으로 전환할 것을 요구한 것이다.

왜냐하면 중국의 지식인들은 대부분 부르주아 출신인데, 부르주아 출신 작가에게서 나온 글은 부르주아의 사상이 가득할 것이라는 게 마오쩌둥의 기본적인 생각이었기 때문이다. 그래서 작가들이 노동자 · 농민의 생활 속으로 들어가 그들과 똑같이 생활할 것을 요구한 것이다.

하지만 한 사람의 세계관을 바꾸는 일은 굉장히 어려운 일이다. 어린이들의 세계관을 바꾸는 것은 쉬운 일이 될 수도 있지만, 이미 매우 성숙한 시야를 갖춘 작가의 세계관 전환은 거의 불가능하다. 특히 외부의 요구나 강압에 의해서 그것의 전환이 요구된다면, 진정한 전환은 사실상 불가능하다고 해야 할 것이다. 이것이 바로 마오쩌둥이 간과한 사실이다.

결국 작가들이 만들어낼 수 있었던 문예는 마오쩌둥의 사상을 따르자 · 사회주의 만세 같은 내용뿐이었다. 문제는 전쟁터에서 만들어진 마오쩌둥의 문예이론이 1949년 사회주의 정부 수립부터 1976년 문화대혁명이 끝날 때까지 중국인의 정신세계를 철저하게 지배했다는 점이다. 사상가 리쩌허우에 따르면 마오쩌둥은 입으로는 민주를 외쳤으나 실제적으로는 민주를 믿지 않았다.[36] 당시 마오쩌둥의 가르침과 다른 생각은 독초毒草였고, 그런 생각을 가진 사람은 미 제국주의의 간첩으로 간주되어 숙청될 뿐이었다.

물론 이런 마오쩌둥의 인식의 바탕에는 경전 마르크스주의에 대한 인식이 깔려 있다. 계급투쟁 후에 프롤레타리아의 독재가 등장하고 그 후에도 부단한 혁명이 있어야한다는 점이다. 이것을 반박하는 측면에서 사상가 리쩌허우는 배가 부른 다음에 사상과 의식형태가 생긴다는 논리를 제기하는 것이다. 즉 생산력(과학기술)을 결정적인 요인으로 간주하여, 이것이야말로 인류가 자유왕국으로 가는 물질적 전제이자 기초로 삼아야 한다는 것이다.[37]

● 게릴라 전술

항일전쟁이야말로 인민해방군과 중국공산당이 비약적으로 성장하는 직접적인 계기였다. 인민은 바다이며 홍군은 물고기라는 마오쩌둥의 가르침대로 홍군은 인민과의 조화를 가장 중시하는 점령정책을 펼쳐 국민당과의 차이를 일찌감치 부각시키고 있었다. 제2차 국공합작 당시 국민당의 강요로 최전선에서 일본군과 혈전을 벌여야 했던 팔로군은, 마오쩌둥의 전술에 의거 철저한 게릴라전으로 홍군의 손실은 최소화하면서 공산당의 근거지 확충에 매진하였다.

마오쩌둥의 유격전 이론은 '적이 진격하면 아군은 후퇴하고, 적이 후퇴하면 아군은 진격하며, 적이 주둔하면 아군은 소란을 일으키고, 적이 지치면 아군은 공격한다敵進我退, 敵退我進, 敵駐我擾, 敵疲我打'는 유명한 16자 전술을 핵심으로 하고 있다. 팔로군을 일선에 배치한 국민당의 기대는 일본과의 전쟁을 통한 공산당의 자연스러운 감소였다. 하지만 그 반대로 팔로군은 16자 전술로 자신을 보호하면서도 일본군과의 잦은 전쟁을 통해 다양한 경험을 쌓았다. 팔로군은 이후 전개될 국민당과의 내전에서 백전백승을 거둘 능력을 미리 갖추게 되었던 것이다.

● 한국전쟁

　1949년 10월 1일 마오쩌둥은 천안문 성루에서 중화인민공화국의 건국을 선포하였다. 그 해 12월 그는 소련을 방문하여 중소우호동맹과 기타 협정을 맺었다. 그래서 중국은 향후 10여 년간 러시아의 전폭적인 지원을 받을 수 있었다. 이것 역시 마오쩌둥의 큰 업적으로 평가되고 있다. 1950년 한국전쟁 때는 한반도가 남한 중심으로 통일될 경우 중국이 위협받을 수 있다는 이유로 참전을 결정하였다.

　개인적으로 그는 6·25전쟁을 통하여 통한의 아픔을 경험하는데, 가장 큰 기대를 걸고 있던 큰아들이 미군기의 폭격으로 사망한 것이다. 그동안 마오쩌둥은 큰아들을 노동현장에 직접 투입하는 등 장래 지도자로서 필요한 모든 경험을 쌓도록 독려하고 있는 중이었다. 나아가서 자신의 아들을 전쟁터에 보내 국가 지도자로서 자신의 책임을 다하고자 했던 것이다. 이런 행동이야말로 그를 70퍼센트의 공로가 있는 위대한 지도자로 평가받게 하는 중요한 요인이다. 전쟁의 신이라고 불리던 펑더화이彭德懷 사령관은 이른바 개선장군이 되어 귀국하면서도 마오쩌둥에게 무릎을 꿇어 사죄했다고 한다.

국방 교육 거리의 펑더화이 장군 - 올곧은 성품의 직언하는 대장군이라는 타이틀이 붙어있다. (광저우)

● 군중 동원 전문가

1955년부터 1959년까지는 전면적인 사회주의 개조 시기라고 할 수 있다. 1957년부터 그는 반우파 투쟁과 대약진운동을 전개했다. 마오쩌둥은 여전히 도시 중심의 공업화를 반대하고 농업 집단화 차원에서 대약진운동을 전개하였으나 농업 집단화는 결국 실패하고 만다. 농업 생산력은 급격히 하락하였으며 때마침 닥친 자연재해로 중국 경제는 나락으로 빠졌다.

지난 20세기 내내 15년 안에 자본주의의 원조 영국과 미국을 따라잡는다는 황당한 구호 아래 농업생산 합작사 72만개를 2개월 만에 2만4천 개의 인민공사로 바꾸어버렸다. 인민공사마다 산업에 필요한 철을 생산한다며 농기구와 식기를 용광로 속에 집어넣었다. 결정적으로 지방간부들은 상부의 독려에 지친 나머지 생산량을 허위로 보고하기 시작했다. 결국 대약진 운동은 3년 만에 3천만 명이 굶어죽는 대참사로 끝났다.

마오쩌둥의 특기는 군중을 동원하는 것이다. 군중 노선으로 정권을 잡은 그는 마찬가지로 군중을 동원하여 자신의 권력을 지켰다. 대약진 운동의 실패로 1960년대 초반까지 수세에 처했던 마오쩌둥은 중고등학생을 중심으로 결성된 홍위병을 앞세워 문화대혁명을 추진하였다. 표면적으로는 당내의 주자파를 일소하기 위한 것이었으나 류사오치劉少奇와 덩샤오핑으로 대표되는 실용주의자들의 공세에 대한 전면적인 반격이었다.

1980년 12월 20일자 『베이징일보』에 따르면, 1966년 8월 하순부터 9월 5일까지 한 달도 안 되는 시간에 베이징에서만 1762명이 맞아 죽었다.[38] 이후 중국은 마오쩌둥의 처 장칭江淸을 위시한 4인방四人幇의 전횡으로 누란의 위기까지 몰리게 되었고, 상황은 말년의 마오쩌둥이 통제할 수 없는 쪽으로 달려갔다.

심리학은 전두엽 사용을 꺼리는 노년기의 성격특징을 이렇게 말한다. 우울해진다 - 무사 안일해진다 - 도전을 꺼린다 - 융통성이 없어진다 - 변화를 두려워한다 - 집착한다 - 의타심이 커진다 - 인색해진다 등이다. 문화대혁명 개시 시점인 1966년에 이미 73세였던 마오쩌둥 역시 이 울타리를 넘지 못했다.

마오쩌둥은 스스로 제왕적 지위가 영원하리라고 믿었다. 그는 최고 역사서 중의 하나인 사마광司馬光의 『자치통감』을 침대 옆에 두고 밤낮으로 통치술 학습에만 집착했을 뿐이다. 권력이 한 사람에게 장기간 집중될 경우 조직이 붕괴될 수밖에 없다는 준엄한 역사적 교훈은 외면했던 것이다.

2 공자

2007년 1월, 나는 공자孔子의 고향 취푸曲阜에 도착했다. 공자 사당 근처에서는 '도장', '천원'이라는 우리말이 호객하는 중국 상인들의 입에서 쉼 없이 흘러나왔다. 우리나라 사람들의 방문이 빈번해 질수록 그들의 한국어 발음은 더욱 또렷해지리라! 저녁에는 수학여행을 온 우리나라의 초등학생들을 보았다. 호텔 로비를 가득 메우고 있는 그들을 보면서 공자의 고향을 방문한 한국의 학생들에게 공자는 어떤 존재로 주입되고 교육될지 궁금했다.

공자 사당을 보고 나오면서 우리 일행은 공씨 집안의 장례 광경을 보게 되었다. 집안사람만이 공림孔林 내에 매장될 수 있다는 설명을 들으면서 장례 절차를 지켜보고 있는데 익숙한 광경이 눈에 들어왔다. 남자들은 앞에서 여자들은 뒤에서 절을 하고 곡을 하고 있는 것이다. 매장 의식이 진행되는 동안 여자는 한사람도 앞으로 나서지 않았다. 한국인인 내 눈에 익숙하다는 것은 남자가 먼저이고 여자는 나중이라는 말이다.

예의를 강조하는 순자 말씀이 동네 입구를 차지하고 있다. "사람이 예의가 없으면 살지 못하고, 일하는데 예의가 없으면 이룰 수 없고, 나라에 예의가 없으면 편안하지 못하다. - 순자, 수신"(광저우)

그러니까 한국의 제례에서 여자가 앞에 나서지 못하는 관례는 어제 오늘의 일이 아니다. 그런 만큼 남자 우선이라는 그림은 한국인에게만은 익숙한 광경이라 할 것이다. 하지만 중국의 장례 절차에서도 여자가 나중인 장면은 의외도 이만저만한 의외가 아니다. 1949년부터 사회주의 30년 동안 공자와 남존여비의 유교 사상은 타도 대상의 제일순위가 아니었던가!

● 공자 동상 등장

중화인민공화국의 공무원 양성소 역할을 담당해왔던 런민대학人民大學에 2002년 공자연구소가 출범하고, 교정에 공자상이 등장한 지 오래이다. 2008년 현재 중국의 이 대학 저 대학 교정에 공자상이 보인다. 논어의 구절이 동네 화단을 꾸미는데 동원되기도 하고, 동네 입구에는 수신을 강조하는 순자荀子의 말씀이 큰 바위에 새겨져 있기도 하다. 2006년 11월 개교 1백주년을 기념하여 세워진 광저우 지난대학暨南大學교정의 공자 동상에는 아래와 같은 설명이 붙어있다.

이미지로 읽는 중화인민공화국

万世师表
Wan Shi Shi Biao

2006.11.16

공자 동상(광저우 지난대학)

공자 동상 아래 적힌 글귀
"영원한 스승"
(광저우 지난대학)

공자 동상 : 만세 사표

만세 사표는 '인재 배양'·'개교 백주년 기념'·'문화 창달'이라는 의의를 가지고, 고대의 위대한 사상가·정치가·교육가 공자를 사실주의 수법으로 형상화한 것이다. 인물 소조는 과거에 자주 볼 수 있었던 예의를 행하는 정태적 자세와는 다르게, 공자의 왼 손으로 죽간을 쥐고 오른 손으로 하나를 가리키는 동태적 강의 자세를 채택하였다. 그래서 시대 정신을 지니는 공자의 새로운 이미지를 만들었다. 그것은 인仁으로 대표되는 유가 윤리 학설을 상징하고 '일이관지, 언행일치'의 사상 내함을 지니고 있다.

공자 동상이 들어서고, 남자가 앞서고 여자가 뒤따르는 장례 장면은 사회주의 30년 동안 중국공산당이 공자를 향해 진검 대결을 벌였지만 여전히 공자가 왜곡된 채로 건재하다는 사실을 증명하는 것이었다. 중국에서 공자와 유교가 20세기 내내 비판의 주요 대상이었음을 생각해보면 그야말로 격세지감이다. 공자 동상을 바라보면서 그리고 공림에서의 장례식을 지켜보면서 중국사회주의와 유가사상의 고단한 관계가 뇌리에 떠올랐다.

이미지로 읽는 중화인민공화국

골목 어귀에 나타난 공자 말씀 - "말한 것은 반드시 지키고, 시작한 일은 반드시 해낸다.
- 논어, 자로"(광저우)

● 중국공산당과 공자

　1921년 창당부터 1949년 중화인민 공화국 수립까지 공자는 중국공산당의 비판 중심에 있었다. 하지만 공자에 대한 비판이 절정에 달한 때는 역시 1966년부터 십 년 동안 전개된 문화대혁명 시기였다. 오죽하면 유학자 량수밍梁漱溟은 마오쩌둥에게 '삼군三軍의 장수는 빼앗을 수 있어도 필부의 절개는 빼앗을 수 없다'는 공자의 말씀을 들고 끝까지 대들었겠는가!

　그 살벌했던 시기에 량수밍은 국가와 시대에 대한 선비의 사명을 다했다. 그는 일생동안 유가문화의 기초 위에서만 중국의 방향을 찾을 수 있다는 신념을 포기하지 않았다. 그런 점에서 그는 중국의 마지막 유자儒者라고 불린다.

　중국사회주의와 유가의 관계를 논하면서 문화대혁명 기간 중에 추진된 '비림비공批林批孔' 운동을 빼놓을 수 없다. 말 그대로 '린뱌오林彪와 공자를 비판하는' 운동이다. 정확하게 말하자면 린뱌오와 공

량수밍 초상 - 갤러리에 전시된
그의 초상화는 무엇을 의미하
는 것일까?(베이징, 798지역)

자를 결합시켜 비판한 운동이다.

린뱌오는 1969년부터 마오쩌둥의 후계자로 공식 지명되었던 사람이다. '비림비공' 운동은 1973년의 제10차 당 대회에서 린뱌오를 비판대상으로 공식 지명하면서 시작되었다. 주목할 점은 린뱌오에 대한 비판과 공자에 대한 비판이 사실상 동일시되고 있었다는 점인데, 평소 린뱌오가 공자 말씀을 자주 인용했다는 것이 그 이유이다.

공자는 이제 정적을 제거하기 위한 사상적 수단으로까지 전락하게 되었다. 유가사상이 유심론으로 확정되면서 기존 린뱌오의 사고체계가 우파적 유심론으로 규정되어 비판되었다. 사회주의 체제가 경직될수록 모든 사상 체계를 유물론과 유심론으로 이분하는 정도도 심해진다. 비단 사회주의체제에서 뿐만 아니라 정치권에서 흑백논리로 상대를 공격하는 방법은 전가의 보도처럼 사용되고 있다. 무덤에 묻힌 지 오래인 공자의 유령은 이렇게 이분법적 분석에 입각한 정쟁에 불려나와 문초 당했다.

린뱌오로 대표되는 중국공산당 내 반마오쩌둥 세력에 대한 공격의 수단으로 2천 5백 년 전 무덤으로 들어간 공자를 다시 불러내

이미지로 읽는 중화인민공화국

서점에 쌓여 있는 논어(베이징)

어 활용했던 셈이다. 공자가 상갓집 개로 비판당한 것은 비단 어제
오늘의 일만은 아니었지만, 20세기는 그에게 너무 긴 시간이었다.
근대화의 기호는 민주와 과학이다. 그리고 민주와 과학에는 목표
가 있어야 한다. 따라서 비민주적이고 비과학적이어야 하는 비판
의 대상이 필요하다. 공자는 그렇게 희생양이 되었다.

공자타도는 20세기의 중국을 지배하는 트렌드가 된다. 지난 20
세기 내내 중국은 공자를 타도하는 것과 타도하지 않는 것의 대결
장이었다. 20세기 1백년은 공자에 대한 타도 여부를 지속적으로
논의하고 시험하던 시간이었다고 해도 과언이 아니다. 공자가 죽
어야한다는 담론의 일방은 우선 5·4운동의 주도세력이었던 후스
胡適와 천두슈, 루쉰魯迅 등의 신문화파이다. 역사학자 마루야마에
의하면 저 유명한 잡지 『신청년』의 중심문제는 공자 비판과 유교
비판[39]이었던 것이다. 물론 가장 강력한 반대파는 공산당이었다.

신문화운동의 주역들은 민주와 과학을 외치면서 공자를 타도대
상으로 삼는다. 공자는 동양 사상의 대표 주자였기 때문이다. 즉 중

국방 교육 거리의 린뱌오 - 펑더화이 장군에 비해 아무런 수식어가 붙어 있지 않은 점이 특이하다.(광저우)

국 사회가 이 모양이 된 것은 공자 때문이라는 것이다. 유교에 대한 역사학자 박노자의 반감은 반 유교적 담론의 총결산으로 보인다. 유교는 인간의 천부적 감정을 이데올로기화해 몇몇 당위적 인위적 덕목(충효, 인의예지 등)으로 분류한 뒤 세상만사를 그 잣대에 따라 선과 악으로 철저하게 구분했다[40]는 것이다.

　이에 대해 문학평론가 샤오메이 천 역시 중국 문화의 모든 부정적인 요소들은 마침내 유교 이데올로기로 소급되는데, 유교의 획일적인 사회체제는 다양성과 변화를 거부하는 것으로 해석된다[41]고 결론지었다. 두 사람의 지적을 보면 모두 유교가 정치적으로 이용된 역사에 대한 검토는 없는 것처럼 보인다.

　일찍이 청대 옹정雍正 황제는 불교는 마음을 다스릴 수 있고, 도교는 몸을 다스를 수 있으며, 유교는 세상을 다스릴 수 있다[42]고 한 적이 있다. 유교가 얼마나 정치적으로 해석되고 이용되어 왔는가를 잘 알 수 있다.

　정치학자 헌팅턴의 말처럼 20세기 초반의 중국 지식인들은 중

이미지로 읽는 중화인민공화국

孔子和他的弟子

作者：李漢儀

2000.9.10

공자와 그의 제자(광저우 화난華南사범대학)

관광지 갤러리에 내걸린 공자와 마오 쩌둥(광저우)

국의 후진성의 원인을 유교에서 찾았다.[43] 그들이 지목한 유교의 교주는 당연히 공자였고, 그들이 내건 구호는 '공자상점孔子店 타도'였던 것이다. 모든 잘못의 근원을 공자라고 생각한 것이다. 하지만 알고 보면 유교의 문제점은 공자에 의해 비롯된 것이 아니다.

공자는 2천 5백 년 동안 정치적으로 왜곡되어 왔다. 공자의 현실적인 가르침은 주자朱子 이후 교조화되어 경직된 이념으로 자리 잡게 된다. 이후 유가는 종교적인 제례가 주가 되어 제사는 어떻게 지내고 의복은 어떻게 입는지 등 형식적인 예법의 종교로 자리 잡는다. 심지어 당쟁이 횡행했던 조선 시대에는 반대파를 주자에 반대하는 사문난적斯文亂賊으로 몰아 죽여버렸던 것이다. 주자 이외에 다른 실용적인 관점의 유가 이론은 철저하게 거부되었다.

몇 년 전 우리나라의 지가를 올렸던 『공자가 죽어야 나라가 산다』라는 자극적인 제목의 책이 생각난다. 공자가 죽어야 하는 것이 아니라 공자를 왜곡한 사람이 죽어야 하는 것이다. 파렴치한 목사

이미지로 읽는 중화인민공화국

가 횡행하고 한국 기독교가 수많은 문제를 노정하고 있다고 해서 예수가 죽어야 할 필요는 없지 않는가!

● 새로운 이데올로기

역사학자 박노자에 의하면 1970년대 박정희는 세종대왕과 율곡을 숭배하고 충효사상을 제창하는 전통주의자로 거듭났다. 왜냐하면 자유민주주의의 입장에서 그의 체제를 공격하는 민주화운동, 그리고 그를 무조건 지지하지 않게 된 미국 측과 '근대'의 영역에서 싸울 만한 논리가 충효사상밖에 없었기 때문이었다.[44] 사실 충효사상이 정치적으로 이용되어 온 것이 어제 오늘의 일만은 아니다. 정치적으로 체제 수호를 위해 충忠과 효孝만큼 써먹기에 좋은 테마도 없다.

중국에서 이념의 시기는 흘러가고 있지만 그 공백을 틈타 새로운 이념에 대한 필요성이 증대되고 있는 실정이다. 사회주의 이념과 그것을 보완하는 영웅 이미지가 효력을 잃은 지 오래이다. 그래서 중국공산당은 공자에게 정식으로 초청장을 보내고 싶은 유혹을 뿌리치기 어려웠다. 사회주의 이념 대신 새로운 국가 이데올로기 창출이 시급했던 것이다. 도덕과 예의를 강요하는 유교가 자의반 타의반으로 부활되고 있는 것이다. 실제로 1989년 5·4운동 70주년을 맞이하여 민관을 막론하고 공자와의 화해를 위한 각종 시도가 적극적으로 추진되었던 적이 있다.

하지만 사회주의 이념과의 충돌을 우려한 보수파의 문제제기에 공자의 등장은 약하게 처리되기 시작하여 오늘에 이르고 있다. 그럼에도 불구하고 방어논리가 희박해지고 있는 중국공산당은 유교와 공자를 버리고 대체 이념을 구하기도 어려운 실정이다. 나라 안팎으로 대두하고 있는 각종 이념의 공격과 국민의 사상 부재 속에서 당 내외를 안정시켜줄 이념으로 유교만한 수단이 없는 것이다.

매년 취푸에서 거행되는 공자 제사를 몇 년 전부터는 산동성 정부와 문화부 · 교육부가 연합해서 주최하고 있다.

이제 유교를 학교이념으로 하는 학교까지 등장하고 있다는 소식을 보면 공자는 이미 부활해서 천하를 주유하고 있다. 다만 정치적 이념의 공백을 메우는 수단으로 공자가 다시 지목되었다는 점에서 우려할 뿐이다. 역사적으로 이용되어왔던 충효 이데올로기가 지속적으로 주입될지 모르기 때문이다. 유가사상 중에서 충효만이 분리되어나와 악용될 경우 개인의 자아는 집단 앞에서 영원히 함몰된다. 2010년 상반기 CCTV는 35부작으로 드라마 〈공자〉를 방영한다.

3. 기독교

우리나라 각 대학에서 중국관련 전공을 하는 학생들 중 상당 수의 장래 희망이 중국 선교에 있다. 면접시험을 볼 때나 학생 면담

기독교 동산당의 일요일 예배 광경(광저우)

이미지로 읽는 중화인민공화국

골목 입구에 설치된 기독교 십보당 간판(광저우)

을 할 때 중국어를 왜 전공하려고 하느냐는 질문에 적지 않은 학생들은 기다렸다는 듯이 중국선교를 위해서라고 당당하게 대답한다. 그 대답을 듣는 것과 동시에 나는 공부를 열심히 해야 한다는 말을 의무인양 해준다. 그것도 중국의 근대사에 대해 철저하게 공부하기를 권하면서 화제를 바꾼다.

2002년 8월 톈진 어느 대학 기숙사의 수위와 이야기를 나누게 되었다. 그는 우리 학생들에게 매우 친절했다. 그는 항상 밝은 얼굴이었다. 그래서 나는 언젠가 그와 얘기를 나누어봐야지 하는 마음을 먹고 있던 터였다. 어느 날 저녁식사를 위해서 밖으로 나가던 나는 약속 시간이 너무 일러 일부러 수위실에 갔다. 마침 토요일이어서 일요일에는 무엇을 하는가하고 물었다. 그러자 그는 주위를 한번 둘러보더니 교회에 간다고 하였다. 그래서 교회에 나가도 무슨 제재가 없는지를 물었다.

그는 교수나 공산당원은 나갈 수 없다고 했다. 하지만 교회에 가면 자신의 신분을 속이고 나온 사람들이 많다고도 했다. 현재 중국에서는 외국인이 중국인에게 종교를 전파하는 것은 법으로 금지되

광저우 기독교 동산당의 각종 활동 시간표

어 있다. 이것을 위반할 때는 추방당한다. 하지만 중국인이 중국인에게 전도하는 것은 가능하다. 그렇다고 신앙의 자유가 완전하게 보장되는 것은 아니다. 일반적으로 공무원이거나 교원이 예수를 믿으려면 직장을 포기해야 한다고 한다. 밖으로 드러난 교회도 있고 드러나지 않은 교회도 있다.

수위는 국민당 장군의 아들이었다. 1949년 국공내전 막바지에 패색이 완연한 국민당군은 대만으로의 후퇴를 결정하고 대륙을 속속 떠나고 있었다. 그의 아버지는 할머니의 만류를 끝내 뿌리치지 못하고 고향에 주저앉고 말았다. 이후 상황은 가히 짐작이 가고도 남는다. 국민당 출신의 일개 병사라 하더라도 몸뚱이 하나 건사하기가 정말 힘든 시기였다. 황차 국민당의 장군이었으니 영구적인 혁명을 외치는 대륙에서 살아가기란 죽음보다 못한 삶이었을 것이다.

그의 부친은 일생동안 술과 탄식으로 소일하면서 59세로 한 많은 생을 마감했단다. 이런 출신성분 때문에 어릴 때부터 그를 포함한 가족은 주위로부터 고립되었고 그 또한 사람들과의 접촉을 꺼렸다.

그는 역사의 피해자였다. 출신성분이 가장 중요한 사회주의 체

기독교 동산당 한쪽 벽면의 글씨 "예수는 당신을 사랑합니다"(광저우)

제하에서 그는 진학도 취직도 결혼도 제 마음대로 하지 못했다. 그
의 일생도 부친의 그것과 조금의 다름이 없었다. 국민당 출신인 아
버지의 고통은 고스란히 아들의 고통으로 이어졌던 것이다. 말년
에 기독교를 접한 그에게 기독교는 구원 그 자체였단다. 그는 다
시 태어났고 하루하루가 즐거운 인생을 보내고 있단다. 그는 기독
교가 바야흐로 '인민' 속으로 확산되고 있다는 말로 나와의 대화를
마무리했다.

● 기독교의 확산

　　정치학자 헌팅턴에 의하면 근대화를 빠른 속도로 치러 낸 사회
에서는 전통 종교가 근대화의 요청에 제대로 적응할만한 여유를
갖지 못해 기독교나 이슬람교가 침투할 수 있는 여지가 크다.[45]

　　중국에서 기독교가 빠른 속도로 전파되고 있다. 서점의 서가에
서 그것을 확인할 수 있는데, 2009년 9월 베이징 중관촌의 신화서
점에는 불교·도교 관련 서가가 각각 하나인데 비해 기독교 관련

서가는 여섯 개를 차지하고 있었다. 최근의 비공인 통계를 보면 중국의 기독교 인구는 공산당원 7천만 명보다 많은 8천만 명이라고 한다. 정부의 공식 통계인 2천만 명보다 훨씬 많은 이유는 가정교회인 지하교회 때문이다. 정부가 인정하는 교회가 곳곳에서 보이고, 그것도 대형화 추세에 있다. 내가 가본 광저우의 제일 큰 교회인 동산당東山堂을 예로 들면, 2008년 11월 현재 집사가 열두 명이고, 일요일 예배는 1천여 명의 신자들이 참석한다. 1909년에 건립된 이 교회당은 1927년에 2층으로 확충되어서 현재 좌석 1천 3백 개를 자랑한다.

중국에 성경을 밀반입한 홍콩인이 사형을 면한 적이 있다. 그는 2002년 5월 복건성 일대의 지하 기독교 조직에 성경 3만 3천여 권을 공급하다 적발됐었다. 당초 비슷한 혐의로 구속된 한 피고가 사형 언도를 받아 그에게도 같은 형이 내려질 것으로 예상되었으나, 법원은 그에게 최고 징역 5년형에 해당하는 밀무역 혐의만을 적용한 것이다.

또 지방 고등법원은 지하교회를 설립한 홍콩인 5명에게 내려진 하급심의 사형선고를 증거 불충분을 이유로 파기하고 재심을 지시하기도 했다. 이 같은 결과는 홍콩정부의 구제노력과 미국의 관심 그리고 세계 인권 단체들의 호소에 따른 것으로 풀이된다.

지금도 중국정부와 미국을 대표로하는 서구 열강은 종교의 자유를 또 하나의 쟁점으로 삼아 힘겨루기를 계속하고 있다. 중국정부는 민간에 급속하게 전파되고 있는 기독교에 대해 종교 문제가 아닌 국가 안전의 문제로 인식하여 긴장의 고삐를 늦추지 않고 있다. 미국은 그것을 종교 탄압이라고 규정하여 수시로 국제여론을 환기시키고 있는 실정이다. 사실 기독교 문제를 중심으로 하는 중국 정부와 서구 열강의 힘겨루기는 일백 오십여 년 전부터 시작되었다.

기독교 광효당 입구(왼쪽), 광효당 예배 시간표(오른쪽) - 광저우

광저우 대형 서점 기독교 전문 서가에 가득한 기독교 연구 서적들

● 근대사와 기독교

아편전쟁은 광동성을 중심으로 내륙의 경제 구조에 변화를 가
져와, 이곳에서 운수업에 종사하던 노동자의 실업을 낳았다. 아편
전쟁 이후 광동 연해가 영국 해군의 관할 하에 들어감으로써 이곳
에서 활동하던 중국의 해적들은 내륙 수로로 쫓겨 들어갔다. 이들

의 활동으로 광동과 광서지방은 점차 혼란에 빠지게 되었다. 무엇보다도 장기간의 크고 작은 전쟁은 이 지역 주민들에게 말세가 다가올 것이란 위기감을 심어 주었다. 그것이 기독교가 세를 확산하게 되는 계기였다.

이에 대응한 중국인의 반기독교운동 역시 매우 활발하고도 치열하게 전개되었다. 반기독교운동은 주로 한족 지식인들과 민중들이 외국인 선교사 및 중국인 기독교도를 공격하는 것으로 나타났다. 톈진 조약과 베이징 조약에서 기독교의 전도가 공식적으로 인정되었음에도 불구하고 기독교 전도에 대한 일부 중국인들의 반감은 여전했다.

결과적으로 보면 서구 열강의 초기 선교사 대부분이 중국 침략의 교두보 역할을 했다. 그들은 불평등조약의 결과로 중국 곳곳에 영사관이 개설되는 즉시 외교관 신분으로 특채되어 중국으로부터 이권 획득을 위해 활동했던 것이다.

중국 내에서 반기독교운동은 1860년대부터 시작되어 1890년대에 절정에 이르렀고, 의화단義和團운동을 통해 대규모로 폭발되었다. 그것은 서양 선교사 살해와 교회 방화·중국인 기독교도 테러 등 다양한 형태로 나타났다. 철도나 전신의 파괴 그리고 석유·성냥 등의 서양 상품을 불태우는 것으로 볼 때, 사안은 종교적인 문제에만 그치는 것이 아니라 서양 문화 전반에 대한 반감이라는 것을 알 수 있다. 사건이 발생하면 해당 국가들은 즉각 무력으로 중국정부에 책임자 처벌과 배상을 요구하였다. 약해질 대로 약해진 중국정부가 할 수 있는 일은 그들의 요구 사항을 전부 들어주는 것과 책임을 민중에게 돌리는 것이었다. 성난 민심은 정부와 외국인에 대한 분노를 키웠다.

1850년 이후 농민 반란이 중국전역에서 일어났다. 반란은 중국 자체가 안고 있는 고질적인 문제에서 기인했지만, 아편전쟁 이후

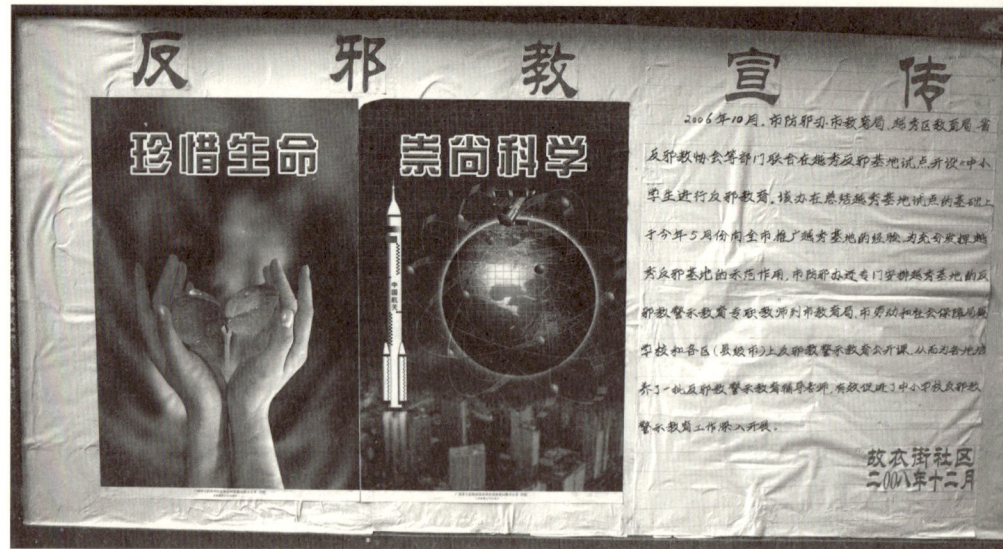

골목 게시판의 "사교 반대 선전 - 생명을 아끼자, 과학을 숭상하자."(광저우)

끊임없는 열강의 침략도 크게 작용하였다. 이렇게 생겨난 혼란과 권력의 공백 속에서 비밀결사들이 우후죽순처럼 번성하는 것은 지극히 당연했다. 그 중에서 가장 큰 조직이 말 그대로 하느님을 숭배하는 배상제회였다.

기독교의 영향을 받은 지도자 홍슈취안洪秀全은 한때 중병이 걸려 환상에 빠지면서 자신이 부여받은 사명이 여호와를 대신하여 인류를 구제하는 것이라고 믿었다. 배상제회는 날로 번성하여 태평천국을 선포하였는데, 태평천국운동은 기독교의 영향을 받은 대표적인 민중운동이었다.

한편 1900년 화북지방을 중심으로 일어난 의화단운동은 배외적 특히 반기독교운동이라는 점에서 주목할 만하다. 1894년 청일전쟁 후 열강의 침략은 중국을 분할의 위기로 몰고 갔고, 외국 상품의 유입으로 농민 경제를 나락으로 빠지게 했다. 특히 전통 질서를 부정하면서 그리고 서구문화가 더 우수하다는 시각으로 추진되는 기독교 전도 방식은 중국인의 극심한 반감을 초래하였다. 문화적 우월감이 내재된 전도에 대한 반감이었는데, 그 중심에 의화단이 있었다.

청나라를 돕고 서양을 멸망시킨다는 '부청멸양扶淸滅洋'을 앞세운 의화단은 암암리에 서태후西太后를 비롯한 황실의 지원을 받고 있었다. 보수파는 의화단을 앞세워 열강에 선전을 포고했다. 이후 영국·독일·프랑스·미국 등 8개국은 자국민을 보호한다는 구실로 연합군을 구성하였고, 톈진과 베이징을 점령하고 민간인을 비롯한 의화단 단원들을 무차별 학살했던 것이다.

기독교가 종교의 다원화·서양 문물의 소개·서구적 합리주의의 전파·각종 사회사업 등에 상당히 기여했음에도 불구하고, 제국주의 침략의 선봉으로 중국인들에게 인식될 수밖에 없었다는 점은 모두에게 불행한 일이었다.

4. 파룬궁[46]

정치학자 헌팅턴에 따르면 전 세계적으로 무종교와 무신론의 범주에 들어가는 사람들의 비율이 늘어나고 있다. 전 세계적으로 그것의 비율이 1900년대에는 0.2%에서 1980년대에는 20.9%로 증가했다.[47] 반면에 중국에서는 종교 또는 종교적인 영역이 확대 심화되고 있다. 사회주의 30년 동안 종교는 인민의 아편으로 규정되어 종교의 입장에서 보면 공백의 시간이었다. 개혁개방 이후 종교의 영역은 시민 속으로 확대되기 시작했다. 개혁개방으로 야기된 빈부격차와 인간소외는 종교를 향해 더 큰 손짓을 했던 것이다. 이른바 경제 발전은 인구를 집중시켰고 도시가 몸뚱이를 불릴수록 인간은 작아진다. 작아진 인간은 기댈 곳을 찾는다. 파룬궁法輪功사태는 그 실례의 하나가 된다.

골목 게시판 "사교 '파룬궁' : 사교가 정당한 종교 신앙을 해친다."(광저우)

● 파룬궁의 대두

1999년 4월 25일, 파룬궁 지지자 1만 8천여 명은 중국 권력의 핵심부인 중남해에서 파룬궁의 합법화를 요구하는 침묵시위를 벌였다. 자금성과 중남해를 1만 8천명의 신도가 손에 손을 맞잡고 포위를 한 것이다. 이들이 시위를 일으킨 이유는 표면적으로는 단순했다. 경찰이 수련하던 파룬궁 회원들을 연행해갔기 때문이었다.

하지만 시위는 그동안 알게 모르게 핍박받아왔던 파룬궁을 더 이상 탄압하지 말라는 항쟁 차원이었다. 1989년 6·4 천안문 민주화운동 이후 최대 규모의 시위였다. 천안문 민주화운동 10주년을 앞두고 정부가 민심 동향에 촉각을 곤두세우고 있던 차에 발생하여 국가 지도부에게 더욱 큰 충격으로 다가왔던 것이다.

그것은 중국공산당과 파룬궁의 기나긴 투쟁의 서막을 알리는 전주곡이었다. 이후 중국 정부는 언론 매체를 총동원하여 비난하기 시작했다. 그 일환으로 파룬궁을 해부하는 책이 쏟아지기도 했다. 파룬궁은 또 그들내로 지하로 잠적하고 해외로 도피하여 전 세계적으로 반체제 활동을 적극적으로 전개하게 되었다.

그즈음인 2001년 1월 23일에 천안문 광장에서 발생한 분신자살 사건은 중국 정부와 파룬궁의 관계를 극단으로 몰고 가는 분수령이 되었다. 정부의 지속적인 탄압에 항의하는 파룬궁 수련자 다섯 명이 온몸에 휘발유를 끼얹고 분신자살을 시도해 한 명이 숨지는 사건이 발생하였던 것이다. 이런 행동 때문에 종교가 인간을 해방시키는 역할보다 오히려 인간을 구속하는 역할을 하기도 했다[48]는 비판이 힘을 얻기도 하는 것이다. 불행하게도 파룬궁의 이런 극단적인 행동은 일반인의 의식 속에 파룬궁이 매우 위험한 '종교'라는 인식을 갖게 했다. 파룬궁에 대한 여론이 악화되는 순간이었다. 중국 당국은 즉시 파룬궁을 반국가 테러조직으로 규정했다.

● 파룬궁과의 전면전

이후 정부는 기회는 이때다 하는 듯 모든 언론매체를 총동원하여 파룬궁을 공격했다. 텔레비전을 통해 분신자살하는 광경을 끊임없이 방송하였음은 물론이다. 중국 정부가 파룬궁에 대한 탄압을 강화하고 있는 가운데 유엔과 미국을 비롯한 국제사회는 파룬궁 탄압을 강력히 비난하기도 했다.

파룬궁 사태를 미국과 서방 세계는 종교 자유 차원의 인권문제로 보고 있다. 반면에 중국은 국기를 흔들 수 있는 사이비 종교단체의 국가 전복 활동 차원에서 대응하고 있다. 따라서 국제사회가 인권문제라고 들고 나오는 것은 중국의 입장에서는 내정간섭이 된다. 지금도 주택가 골목 입구 게시판에는 파룬궁을 공격하는 공지사항이 심심치 않게 등장하고 있어, 정부와 파룬궁의 팽팽한 긴장관계의 단면을 보여주고 있다.

이미지로 읽는 중화인민공화국

사교 '파룬궁' : 사교가 정당한 종교 신앙을 해친다.

① 종교를 도용하여 종교를 폄훼

사교는 모두 종교라는 이름으로, 종교 용어로 기만하고 유혹하여 종교를 폄훼하는 유명세로 자신을 홍보한다. 리훙즈李洪志는 석가모니의 환생이라고 하는 동시에, 자신을 석가모니 · 노자老子 · 예수보다 높은 구세주로 자처하고 있다.

② 사교는 종교 교의를 왜곡하여 사람들의 정신을 통제

거짓말 · 술수 · 심리 유도로 신도들의 정신을 통제한다.

③ 사회질서를 어지럽히는 동시에 종교의 정상 질서를 파괴했다.

파룬궁 조직의 그릇된 주장은 종교 신앙이 없는 사람을 속여서 종교와 사교의 구분을 혼란시킨다.

– (삽화) 일도 공부도 하지마라. 수련이 최고야

– (삽화) 풍수에 몰입하여 묘 주위의 나무를 도끼로 패는 장면

"일도 공부도 하지마라. 수련이 최고야!"

"파룬法輪을 운행하라."   "사교 성전"

● 파룬궁의 원리

파룬궁은 불교와 도교 원리에 기공을 결합시켜 만든 수련법이나 수련집단을 가리킨다. 1992년에 중국의 리홍즈李洪志라는 사람이 창시하였다. 호흡법을 통해 기를 생성하고, 일정한 수련방법에 따라 공력이 쌓이면 이 공력이 자동적으로 내공을 지속시켜 주는 법륜으로 전환된다는 이론이다. 이렇게 되면 초능력을 발휘하여 병을 고칠 수도 있고, 체내조직까지도 꿰뚫어볼 수 있는 신통력이 생긴다고 주장한다.

또 파룬궁 수련은 질병을 치료할 수 있고 또 건강을 유지시켜 준다는 것이다. 아울러 인간을 도덕적으로 승화시켜 주고, 책임감을 높여주어 사회 안정을 촉진하는데 공헌하는 등의 사회적 효과가 있음을 강조하고 있다. 즉 파룬궁 수련은 사회의 물질문명과 정신문명 발전에 적극적·긍정적으로 작용한다는 것이다.

여기까지는 우리가 알고 있는 일반적인 기공의 원리나 효과와 비슷하다. 문제는 그것의 조직적 활동에 있었다. 파룬궁은 한 때 중국 각지에 지휘부 39개, 지부 2천 개, 수련장 2만 8천 개의 규모를 자랑했다. 파룬궁은 중국의 사회적 상황이 야기한 조건 즉 개혁개방의 부작용에 따른 소외계층의 관심 속에 세력이 급속히 확대되었다. 한 때 수련자 수가 중국공산당원 6천만 명 보다 많은 7천만 명을 넘어서면서 국가 최대 조직으로 부상했던 것이다.

파룬궁측은 그들이 기공의 일파이며, 불가의 8만 4천개 법문 중의 하나일 뿐 종교가 아니라고 강조한다. 그럼에도 불구하고 일부 극단적인 추종자들은 리홍즈를 신이나 부처로 생각하기도 한다. 파룬궁은 그 출발점에서부터 일반적인 기공과는 달리 불교와 도교 같은 종교적 색채를 지니고 있었다. 즉 현실 기복이던 내세 기복이던 기복적 성격과 초능력 배양 등이 뚜렷하게 부각되었음은 사실이다. 그래서 중국 시내 곳곳에 붙어 있는 사교 비판 게시판의 주제는 생명을 아끼고 과학을 숭상하자는 것이다.

● 파룬궁이 두려운 이유

문제의 핵심은 이것을 스포츠로 볼 것인가? 아니면 종교로 볼 것인가?이다. 파룬궁 관계자들은 파룬궁을 스포츠라고 하지만, 직접 간접적 자료에 의하면 완전한 종교조직의 형태를 띠고 있는 것이 사실이다. 그래서 중국 정부는 아예 사이비 종교의 하나로 보고 있다. 게다가 반체제 조직으로 보고 있는 것이다. 알다시피 종교의 사이비 여부 판단은 쉽지 않은데, 문제는 반체제라는 데 있다. 사이비에 게다가 반체제라면 중국 정부가 가만히 있을 리 만무하다. 왜냐하면 수천 년의 중국역사를 살펴보면 왕조 교체 시기마다 유사 종교조직은 큰 힘을 가지고 나라를 흔들었기 때문이다.

태평천국太平天國운동이 시기적으로 가장 가까운 예일 것이다.

1840년 중국 - 영국 간 발발한 제1차 아편전쟁은 중국 사회를 혼란 속으로 몰아넣었다. 전쟁은 연해를 비롯한 남중국의 전체 주민들에게 말세가 곧 다가올 것이란 위기감을 심어 주었다. 이런 혼란의 소용돌이 속에서 상호부조나 종교적인 목적의 비밀결사들이 번성하기 시작하였다. 과거와 마찬가지로 이런 비밀 조직들은 하층

민이나 빈농·소상인·운수노동자·사이비 종교인 등이 주동이 되었다. 그즈음 전통적 민중종교와 기독교의 교리를 접합시킨 배상제회 拜上帝會라는 새로운 형태의 종교적 비밀결사가 출현하였던 것이다.

1850년에 중국 남부의 광서성에서 일어난 태평천국운동은 배상 제회가 주동한 반란으로부터 시작되었다. 그들은 곧 주변의 하층 민들을 끌어 모으면서 세력을 신속하게 확장시켰다. 호남성을 거 쳐 1853년에는 화중지방의 중점도시인 난징南京을 점령하는 기세 를 떨쳤다. 그들의 정식 국호인 태평천국에서 볼 수 있듯이 중국의 유교가 이상 세계로 여겨온 대동大同세계를 기독교적 이념과 절충 하는 방식으로 그들만의 국가건설을 시도한 것이었다.

모든 인간은 상제上帝 앞에서 평등하며, 토지는 균등하게 분배될 뿐만 아니라, 생산물도 정확하게 나누는 공산주의적 사회체제를 지향하고 있었다. 물론 수천 년 동안 중국대륙에서 여러 차례 발생 한 '반란'과 마찬가지로 유사 종교의 색채를 강하게 띠고 있었다. 그들은 조직에 대한 믿음이 강할수록 죽지 않고 영생하며 부활한 다는 교리로 철저하게 무장하고 있었던 것이다.

한편 광저우시 인민공원의 경찰 경고 표지판은 현대판 사기의 다양한 형태를 보여주고 있다.

① 친척이나 친구 사칭하여 사고가 났다고 하면서 사기

② 봉건 미신을 이용, 기복이나 치료 구실로 사기

③ 길에서 물건을 주었다고 그것을 나누자는 구실로 사기

④ QQ 인터넷 통신 이용하여 상품 당첨 되었다고, 세금과 우송 비 구실로 사기

⑤ 외화 교환, 위폐 매매, 차표 구매, 증명서 발급 구실로 사기

⑥ 정부 기관 사칭하여, 세금 환급, 비용 환급 등 구실로 사기

⑦ 길에서 재물 절도 방비

두 번째 항목은 봉건 미신을 이용하여 기복이나 치료 명목으로 사기 친다는 것이다. 이미 앞에서 눈치 챘겠지만 과학을 숭상하고 미신을 타파하자는 주제는 모든 문명 게시판의 주요 내용이다. 따라서 여러 가지 사기 형태 중에도 사이비 종교의 폐해가 매우 중요한 위치를 점유하고 있음을 알 수 있다. 철학자 김영민은 종교란 세속적 계몽과 인간적 성숙이라는 인문학적 과제 이상의 차원을 추구하는데, 신비주의를 알리바이 삼아 이 과제를 기피하거나 생략할 수 없다[49]고 보았다. 그렇다면 정도에 따라 다르겠지만 신비주의 행태가 사이비 요소의 대표라는 점은 분명해진다.

또 다른 경찰의 게시판은 역술인을 사칭하여 그 사람이나 가정에 재난이 닥쳤다고 하면서 각종 굿이나 미신 형태를 이용하는 사기를 조심할 것을 충고하고 있다. 사회주의 시기에는 꿈도 못 꾸었을 종교적 사기가 보편화 되고 있음을 간접적으로 보여주고 있다. 종교가 사기의 형태로 시민 속으로 파고들고 있는 것이다. 하기야 요즈음 우리나라에서도 잊을만하면 안수기도나 축귀 등을 이유로 사람을 죽였다는 뉴스가 등장한다.

국가발전의 중요시기에 거대한 유사 종교 조직의 출현은 중국 정부를 바짝 긴장시켰다. 그냥 스포츠라면 조용히 수련만 하면 되는데, 종교적 이념을 갖추고 집단적 행동으로 자신의 요구사항을 관철시키고자하는 의지를 보여주었기 때문이었다.

파룬궁 사태의 발단은 수련자가 7천만 명이 넘으면서 이들이 더 자유로운 활동을 위하여 합법화의 필요성을 느끼게 되었고, 중국 정부로서는 파룬궁의 정치세력화를 우려하여 불법단체로 규정하면서부터 시작되었다. 이는 중국 정부의 본격적인 탄압을 예고하는 것이었다. 현재 중국에서 파룬궁은 불법으로 분류된다. 뿐만 아니라 정부는 성공적인 개혁개방에 따른 국가발전을 직접적으로 저해하는 사악한 사이비 종교로 인식하고 있다. 따라서 그들은 기본적 인권마저도 보장받지 못하고 있다. 파룬궁이 금지된 이후 적어도 1백 명 이상의 파룬궁 지지자들이 감옥에서 사망했으며, 1만 명 정도가 수감 상태에 있다고 한다.

2009년은 파룬궁 신자 1만 8천 명이 손에 손을 잡고 중남해를 포위한 지 10주년이 되는 해였다. 지금 이 시각에도 중국정부와 파룬궁은 중단 없는 전쟁을 지속하고 있다. 중국 정부는 정부대로 각종 매체를 이용하여 이른바 사교의 비과학성에 대해 열심히 홍보하고 있다. 파룬궁은 그들대로 지금 이 시각에도 서울 명동을 비롯하여 전 세계 차이나타운 한 쪽에서 중국공산당의 일당 독재로 야기되는 각종 문제를 부각시키는 시위를 계속하고 있다.

5·4신문화운동 당시 민주와 과학은 절대 진리로서 전국적으로 유행했다. 민주는 봉건 정치나 봉건 예교와 윤리를 반대하고, 과학은 독단적인 봉건 철학과 미신을 반대하는 것이었다. 90년이 지난 오늘 중국 정부에게는 민주가, 파룬궁에게는 과학이 필요해 보인다.

5. 마약

- 마약은 자신과 가정과 국가를 파괴한다.
- 『금독법』규정 : 마약 중독자는 마약 끊기 치료를 받아야 한다. - 마약을 멀리 할수록 아름다운 삶이 가까워진다.
- 마약 금지는 전 사회의 공동 책임 - 6월 26일은 세계 금독일 - ○○구 금독위원회 마약 범죄 신고 전화는 87117363 또는 110
- 마약 금지와 마약 방어는 민심 - 경찰과 시민 협조가 평안을 보장한다.
- 금독 : 인생 의미를 직시하여 삶의 질을 제고하자.

동네 골목으로 들어서면 이 곳 저 곳의 담장에 붙어있다. 금독☆

골목의 포스터 "마약을 막아 해독을 멀리하자."   "전국민이 마약전쟁에 참여하여, 무조건 이기자."

毒 – 금독 – 금독. 중국어로 마약류를 독품
毒品이라고 한다. 독품을 하지말자는 의미
에서 금독이라고 하는 것이다. 동네 게시
판에서 금독이라는 글자는 절대 빠지지 않
는다. '독품'이 민간에 퍼지고 있고, 상황
이 그만큼 심각하다는 것이다. 방송에서도
종종 전쟁차원에서 추진하고 있는 중국의
대 마약작전을 보여준다. 2006년 6월 27일
CCTV1에서는 마약과 유사약품 관리 특집
을 방영하고 있었다. 마약 중독자의 70%가
15~35세까지의 젊은이라는 사실이 강조
되고 있었다.

"마약을 멀리해서 아름다운 인생을 맞이하자. 6월 26일은
세계금독일"(광저우)

　중국의 남부 3성 즉 광동성 · 광서성 · 운남성은 국제 마약의 온
상이라고 알려진 베트남 · 버마 · 라오스 · 태국 등 황금 삼각 지대
와 긴 국경선을 마주하고 있다. 그만큼 침투는 쉽고 방어가 어렵

골목의 포스터와 표어 "마약은 인류사회의 공해다."(왼쪽)
"매춘·도박·마약을 단호하게 소탕하여, 사회환경을 정화하자."(오른쪽)

다는 것이다. 또 13억이라는 중국 인구는 엄청난 시장성을 지닌다. 따라서 마약 세력의 입장에서 보면 중국이라는 시장은 포기할 수 없는 매력 덩어리로 다가오는 것이다. 그래서 그들은 한시도 빠짐없이 호시탐탐 중국이라는 거대 시장을 넘보고 있고, 마약의 판매를 위해 모든 수단을 동원하고 있다.

이에 대해 중국 정부는 그에 상당하는 절체절명의 위기의식으로 대응하고 있다. 2006년 7월 원자바오溫家寶 총리는 마약금지법 제정을 위한 회의를 주재하면서, 마약 금지 사업이 국가와 민족의 안녕과 직접적인 관계가 있다고 한 적이 있다.

골목 마다 붙어있는 마약 경고판이 의미하듯이 중국에서 마약 문제는 심각하다. 국경 부근의 어떤 곳은 한 때 마을 사람 전체가 중독되기도 했다. 지금도 대도시나 농촌 할 것 없이 마약의 구매는 그리 어려운 일이 아니라고 한다. 뉴스에 의하면, 2006년 현재 전국적으로 공식 등록자만 116만 명의 중독자가 있는데, 실제로는 그 열 배인 1천만 명의 중독자가 있고, 26조 원의 시장이 형성되어 있단다. 게다가 해마다 20%씩 성장하고 있다고 한다. 이런 심각한 상황이야말로 중국 정부가 전쟁 차원으로 대응하고 있는 주요 배경이지만, 조금 더 살펴보면 마찬가지로 그들의 아픈 근대사가 있다.

아편전쟁 영화포스터(우한대학)

● 아편전쟁

사상가 이영희는 중국 근대화 투쟁은 아편전쟁(1840~1842, 1856~1860)의 충격으로 시작되었다고 했다.[50] 지지 않는 태양으로 상징되는 제국주의 영국은 인도를 점령한 후, 광대한 영토와 풍부한 노동력의 용도에 대하여 고민한 후 아편 재배로 결론을 내린다. 이런 결정의 이면에는 영국 상인들의 논리가 가장 크게 작동했는데, 대 중국 무역의 만년 적자를 만회하기 위함이었다.

영국은 수 세기 동안 중국으로부터 차 · 도자기 · 비단을 수입해 왔고, 장기간의 무역 불균형이 계속되고 있었다. 처음부터 아편 재배는 중국이라는 거대 시장을 염두에 둔 포석이었던 것이다. 사실 중국인들이 아편을 '즐긴' 것은 이미 청대 이전부터 있었던 일이고, 특히 아열대기후에 속한 지방에서는 말라리아 같은 질병치료제로 일부 이용되기도 하였다.

13세기경 중국에 전래된 아편은 2년생 식물인 양귀비의 덜 익은 열매에 상처를 내서 나오는 진액을 건조시켜 만든다. 중국에서는 17세기부터 그것을 흡연하기 시작했고, 아편 풍조가 날로 확산되자 1729년에 정부가 금지령을 내렸었다. 중국인들의 아편흡연이 다시 문제가 된 것은 영국 상인의 아편 수출이 성공한 19세기에 들어서면서부터였다.

중국 근대 사진집을 넘기면서 자주 보게 되는 장면은 담뱃대를 물고 편안하게 누워있는 것이다. 혼자 또는 삼삼오오 눈을 지그시 감고 담뱃대를 물고 있다. 아편을 피우고 있는 장면이다. 아편을 피우는 가게 즉 아편굴은 전국 방방곡곡에 자리 잡고 있었고, 상류층에서 아편은 보편적인 기호품으로 여겨졌다. 급기야 아편을 사느라 지급하는 은의 유출로 국가의 재정 상태가 위태롭게 되었다. 나아가서 날로 폭등하는 은으로 세금을 내야 하는 국민들의 원성이 높아만 갔다. 국민의 건강 악화로 노동 생산성이 떨어지는 것은 물론이고 더불어 민생 경제가 도탄에 빠지게 되었던 것이다.

국내로 유입되던 아편 수입량을 보면 그 피해 정도를 짐작할 수 있다. 매년 2~3백 상자(1상자 60킬로그램)가 넘지 않던 것이 영국의 동인도 회사가 아편 전매권을 장악한 1773년부터 1천 상자가 수입되기 시작했다. 1790년 5천 상자가 1833년에는 2만 상자로 증가했고, 아편전쟁 발발 직전인 1838년에는 2만 8천 상자가 수입되었던 것이다.

참다못한 청나라 정부는 그동안 일관되게 아편금지를 주장해 온 호광총독 임칙서 林則徐를 황제의 전권을 행사하는 흠차대신으로 임명하여 광저우로 파견하였던 것이다. 1839년 1월에 도착한 그는 9일 만에 아편 무역의 금지와 몰수를 명한다.

지금까지 민족의 자존심

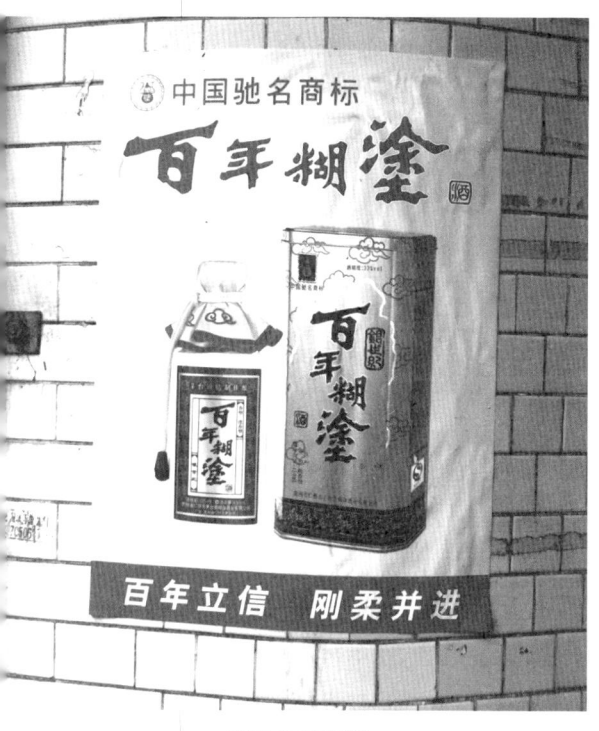

골목의 술 광고(이창)

술 담배가게 간판(베이징)

심지어 공항 검색대 사물함에조차 술 광고가 있다.(베이징 수도 공항)

가게에 진열된 각종 향 : 수명 연장, 재운 불러오기, 빌면 반드시 들어준다는 글귀가 적혀있다.(광저우)

으로 추앙받고 있는 임칙서는 그해 4월 영국 상인들이 가지고 있던 아편 2만 상자를 파기하고 소각했다. 위기에 빠진 영국 상인들은 이익의 고수를 위해 정치인을 움직였고, 1840년 8월 상인들의 요구에 영국 의회는 271 대 262 라는 간발의 표차로 전쟁을 승인했다.

그렇게 해서 시작된 아편전쟁은 1842년 8월 홍콩섬을 영국에게 영구히 할양하고 연안 5개 항구를 추가 개방한다는 난징조약으로 일단 끝났다. 5백여 명의 사상자를 낸 영국 측에 비해, 2만 여명의 사상자를 낸 중국의 처참한 패배였다. 이후 전 세계로부터 종이호랑이로 낙인찍힌 중국은 오욕과 회한의 시간을 감수해야만 했다. 열강의 반식민지로 전락하는 것은 시간문제였던 것이다.

● 술과 담배 광고

2008년 10월 현재, 호북성 이창(宜昌) 전체가 술 광고로 뒤덮여 있다. 대형 광고판이 곳곳에 서 있음은 물론이고, 큰 빌딩의 옥상 광고판을 모두 다 점령하고도 거리 가로등 하나하나에도 빠짐없이 같은 술 광고로 도배되어 있었다. 술 광고가 보이지 않는 곳은 하나도 없었다 해도 과언이 아니다. 그야말로 무차별적인 술 광고의 공격을 보면서 이래도 괜찮은가 하다가 역시 중국이라는 생각에 탄식이 절로 나온다. 그 도시뿐만 아니라 술과 담배 광고는 광고효과가 좋을 법한 대도시의 모든 공간을 차지하고 있다.

신문이나 방송 등 언론 매체의 주요 광고도 모두 술 광고로 채워지고 있다. 이제 중국인들은 텔레비전의 술 광고를 보면서 저녁 식사를 해야 한다. 술 광고는 프라임 타임을 완전 장악하고 있다. 중국의 최고 배우들은 중국 전통술을 음미 하면서 최고로 행복한 표정을 순간순간 날리고 있다.

요즈음 중국 '인민'들은 일기예보나 드라마를 볼 때도 술 광고를 계속 볼 수밖에 없다. 드라마의 장면 변화와는 상관없이 모니터 오른편 아래쪽에 가로 세로 10센티 크기의 작은 광고창이 부지런히 움직이고 있기 때문이다. 텔레비전 광고를 보고 있노라면 이래도 술을 안 마실래 하는 것 같다. 바야흐로 술 광고의 총공세라고 할 수 있다.

이쯤 되면 중국에서 술은 마약을 대신하는 그 무엇이 아닐까?

술과 마약의 공통점은 우선 복잡한 현실을 잊게 하고 인간을 단순
화 시킨다는 점이다. 머지않아 도시에 금주 – 금주 – 금주 표어가
등장하는 것은 아닐까? ■

마약 금지 포스터는 광저우 도심 곳곳의 벽면을 빼곡히 채우고 있다.
"인생 의의를 직시하여 삶의 수준을 제고하자."(광저우)

이 미 지 로   읽 는   중 화 인 민 공 화 국

07

정보 갈망

1. 신문 잡지 가판대

2002년 8월 베이징에서 만난 중국인 교수에게 최고의 비판지를 추천해달라고 하자 그는 조금도 주저하지 않고 시사주간지『남방주말南方週末』을 꼽았다. 그와 헤어지자마자 나는 신문 잡지 가판대로 달려가『남방 주말』을 달라고 했다. 하지만 몇 번이나 허탕을 친 뒤에야 나는 두툼한 주간지『남방 주말』한 부를 겨우 손에 쥘 수 있었다. 그만큼 인기리에 판매되고 있었다. 그것을 훑어보면서 나도 모르게 각종 기사에 빠져들었다.

언론매체를 통하면 그 사회를 알 수 있다. 텔레비전이나 신문을 보면 뉴스가 사실을 어느 정도 왜곡하더라도 사회를 그만큼 알 수 있다. 공부하러 가든 사업을 하러 가든 중국에 가면 텔레비전을 보고 신문을 열심히 보라는 이유가 여기에 있다. 놀아도 텔레비전은 보고 신문은 빼놓지 않고 보아야 중국에서 체류하면서 얻을 수 있는 이점을 극대화할 수 있는 것이다.

● 중국의 당면 과제

2002년 8월 9일자,『남방 주말』의 기사 제목은 대충 이랬다. 대만문제, 농촌현실 - 농민에게 사과해야한다, 고등학생이 살인 - 반부패인가 심리적 문제인가, 란저우蘭州의 기자 16명이 경찰에 의해 취재를 금지 당했다, 어른들의 행사에 동원된 어린이들, 1천개 고교 시범학교 지정 받기 위해 가짜 활동 - 심지어 교가까지 가짜, 자본주의는 경제성공의 동의어가 아니다, 미국 매파 득세, 중국노동자 이스라엘에서의 생존보고, 심각한 환경오염, 지방정부간 알력, 추이젠崔健 - 립싱크와 생존을 위하여 등이었다.

우선 제목만을 일별한 나는 매우 놀랐다. 최근 중국의 당면문제라고 할 수 있는 모든 사항이 총망라되어 있었던 것이다. 이 정도

신문 잡지 가판대(광저우)

라면 중국에 언론자유가 보장되어 있다는 중국정부의 공언이 사실이라고 믿어도 무방하다는 생각까지 들었다.

『남방 주말』의 인기는 비판적 언론에 대한 시민들의 갈증을 여실히 보여주는 것이기도 하다. 사회의 개방은 정보의 개방으로 이어지기 마련이다.

이제 중국 사회는 정보에 대한 개방을 점점 더 강력하게 요구하고 있는 것이다. 경제적 활동이 많아질수록 좀 더 실질적인 정보에 대한 욕구는 강해지는 법이다. 반대로 경제는 정보를 창출하기도 한다. 개혁개방이후 성장한 시민의식과 경제상황이 기존의 언론과는 다른 진일보된 언론을 키운 것이다.

2008년 11월 6일자 『남방 주말』은 미국의 새 대통령에게 던지는 질문이라는 제목으로 1면을 장식했다. 열 가지의 질문은 이랬다. 오바마는 임기 내 대만에게 무기를 판매할 것인가?, 오바마는 중국과 러시아 중 어느 나라를 더 위협적이라고 생각할까?, 중국 식품이 백악관의 식탁에 오를 수 있을까?, 오바마가 중국의 인권문제를 계속 언급할 것인가? 라는 질문과 함께 오바마는 미국의 인권

육교에서 내려다 본 신문 잡지 가판대(광저우)

개선에 대한 노력을 할 것인가? 라는 질문을 던지고 있다. 여섯 번째로 민주당이 백악관과 국회를 동시에 장악할 경우, 오바마가 독재자가 될 가능성도 있다는 우려도 하고 있었다.

또 동북아 정세와 남북한 관계의 최대 현안으로 대두되고 있는 미국과 북한의 수교문제가 오바마 임기 내 가능할 것인가와 미국과 북한관계 정상화 문제를 제기했다. 전쟁에 대한 걱정도 했는데, 오바마가 임기 내 북한이나 이란 또는 다른 곳에서 전쟁을 발동할 것인가? 오바마의 경제정책은 자신을 제2의 루즈벨트 또는 사회주의자로 만들 가능성은 없는지? 오바마는 중국에게 인민폐 평가 절상을 재촉할 것인지? 보호무역정책을 실시하는 것은 아닌지? 등의 질문을 1면 최상단에 배치했다.

2면에는 오바마의 미래를 추측하는 보도가 자세하게 이어지고, 3면에는 공무원과 똑같은 대우를 요구하는 초중등교사들의 스트라이크 소식이 전면을 차지하고 있었다. 교사의 월급이 서류상으

이미지로 읽는 중화인민공화국

신문 잡지 가판대(광저우)

로는 공무원과 같지만 실제 지급되는 돈은 60% 밖에 안 되는 이상한 행정 시스템에 대한 항의가 중국에서 나타나기 시작했음을 알려주고 있었다.

4면에는 교도소의 학대 속에서 죽어 간 한 수감자의 진상을 보도하면서, 중국 교정 시스템의 개혁을 요구하는 내용을 반면에 걸쳐 담고 있었다. 아래 반면은 감귤 파동 관한 내용이었다. 사천성의 감귤 농장에 병충해가 발생했다는 오보 때문에 전국적으로 감귤 판로에 타격을 받은 최근의 상황을 전하면서, 식품안전에 대한 사람들의 신뢰가 무너진 것이 바로 그 원인임을 지적했다.

5면은 전면에 걸쳐 2008년 5월에 사천성에서 발생한 지진 후에 다시 세워진 학교에 대한 현지답사를 사진과 함께 보도했다. 지진에서 오른 손을 잃어 의수를 착용한 채 왼손으로 대학입시를 준비하는 고3학생, 심리 치료 수업을 받고 있는 중학생들, 지진으로 사망한 사람들의 공동묘지 옆으로 귀가하는 초등학생의 사진 등을 실었다. 6면에는 4백 5십만 위안(약 9억원)을 유용하고도 해직 처분만을 받은 석탄부서 관리에 대한 공분을 보도하고 있었다.

언론매체를 통하면 그 사회를 알 수 있다.
신문 잡지 가판대(광저우)

7면에는 중국 대학생 미국 대선 참관기라는 제목으로 홍콩의 최대 재벌 리자청李嘉誠이 고향에 세운 산터우대학汕頭大學의 학생 일곱 명이 리자청기금회의 도움으로 중국 최초로 인터뷰팀을 구성하여 3개월 동안 미국의 대선 현장을 답사했음을 전했다. 그들이 양당의 전국대표대회는 물론 오바마와 매케인 등이 출현한 중요 집회 심지어 오바마가 자주 가는 햄버거 가게까지 취재했다는 것이다.

● 언론 자유

나는 『남방 주말』을 직접 대하기 전까지는 중국에서의 언론 자유에 대해 매우 회의적이었다. 왜냐하면 중국에서 취재하는 홍콩의 기자들이 잊을만하면 한 번씩 중국 공안당국의 조사를 받거나 구속되어왔고, 또 외국에서 발행되는 중국어잡지 대부분이 반입 금지되어 있기 때문이었다.

중국에서 상대적으로 개혁개방의 분위기가 매우 짙은 광동성의 수도 광저우에서 발행되는 『남방 주말』은 『남방일보南方日報』의 자매지로서 반체제 지식인의 구심점이다. 따라서 『남방 주말』의 거침없는 비판논조는 이미 예견된 것이었다. 그 비판성은 언론자유 콤플렉스에 시달리고 있던 중국정부의 필요성이 절묘하게 결합하여 탄

이미지로 읽는 중화인민공화국

가판대에는 수십여 종의 신문을 포함해서 청소년, 건강, 자동차, 축구, 오락게임기, 컴퓨터, 무기, 카메라 촬영, 과학 관련 잡지가 진을 치고 있다. 신문 잡지 가판대(광저우)

생된 것이다.

　이후『남방 주말』의 비판적 입장은 항상 주목을 받아왔고, 생명을 위태위태하게 연장시켜오고 있는 중이다. 물론 당국과의 마찰도 여러 번 발생하여 편집국장이 사퇴당하기도 하고 기자들이 조사를 받기도 했다. 특히 6·4민주화운동 기념일 등 특정한 시기가 도래하면 신문과 정부당국간의 신경전은 더욱 심각해진다.

　개혁개방 이후인 1984년 창간되어 올해 25주년을 맞이한『남방 주말』의 역사는 중국 언론의 역사라고도 할 수 있다. 공산당 선전부의 언론수칙과 팽팽한 줄다리기의 결과물이라는 말이다. 선전부는 지금도 여전히 사치나 소비를 장려하는 보도는 금지하고, 범인 체포 보도는 늘리고 살인사건 보도는 줄이며, 복권 당첨으로 벼락부자가 된 내용은 보도를 자제하고, 5월 21일(파룬궁 창시자 리훙즈의 생일)의 상업광고에 생일축하 문구를 넣지 말 것 등과 같은 수칙을

공원 게시판에서 신문을 읽는 사람들(광저우)

언론기관에 수시로 하달한다고 한다.

　이런 방침은 특히 텔레비전 방송을 보면 잘 알 수 있다. 중앙정부나 지방정부를 비판하는 내용의 프로그램은 일체 찾아 볼 수가 없다. 방송이 정부나 정책의 홍보 수단으로 철저하게 활용되고 있다. 뉴스는 그저 정부 지도자들의 모습과 목소리를 일방적으로 전달하는 도구일 뿐이다. 이에 대해 최근 중국 지식인들의 동태가 수상하다. 2008년 12월, 지식인 303인이 일당독재를 반대하고 민주화를 요구하는 '08헌장'을 발표한데 이어, 2009년 1월에는 소장학자와 변호사 22인이 더 이상의 세뇌를 거부한다면서 CCTV 시청거부를 선언했다. 사회적 모순에 대해 공정치 못하다는 것과 사건이나 집단 시위 보도를 원천적으로 하지 않는다는 것이 그 이유이다.

● 정보화 시대

　바야흐로 정보의 시대로 진입하고 있다. 거리마다 골목마다 신문 잡지 가판대가 보인다. 도시에서 가판대가 안 보이는 곳을 찾기란 사실상 불가능하다. 길 건너 하나씩 보이기도 하고 지하철역에도 어김없이 자리를 잡고 있다. 시민들이 아침에 일어나자마자

가판대로 가서 보고 싶은 신문을 안고 돌아오는 장면이나 출퇴근 길에 들려 잡지를 고르는 장면은 너무나 익숙하게 다가온다. 가판대에는 수십여 종의 신문을 포함해서 청소년 · 건강 · 자동차 · 축구 · 오락게임기 · 컴퓨터 · 무기 · 카메라 촬영 · 과학 관련 잡지가 진을 치고 있다.

길에서 무료로 나누어주고 있는 잡지도 있다. 그 중 남성 전문 잡지 『남자 일어서다男人站』의 남성 건강 페스티발이라는 특집제목이 눈에 들어온다. 내용은 남성 건강 · 남자 마음 · 건강 소식 · 양성 건강 · 건강 정보 등으로 구성되어 있다. 그 중에서도 남자는 왜 '사랑해'라는 말을 하지 않는가?, 남자는 자동차 같아서 수리해야 할 곳은 수리해야 한다, 2분 남자와의 이별, 탈모에 대해서 얼마나 알고 있나요? 등의 내용이 재미있다.

● 블로그 천하

2008년 10월 15일 창간된 『블로그 천하Blog Weekly』는 한 권을 사면 다른 호를 덤으로 주고 있었다. 창간호는 블로거들이 멜라닌 사태를 폭로했다는 내용을 특집으로 꾸몄다. 베이징 올림픽 개막 이전에 이미 멜라닌 사태를 보고 받은 당국은 폐막 이후까지 보도를 통제하고 있었고, 블로거들이 먼저 문제 제기를 했던 것이다. 컴퓨터를 하는 사람은 거의가 자신의 블로그를 가지고 있다는 중국의 현실로 볼 때, 블로그 시대에는 모든 사람이 역사의 기록자라는 『블로그 천하Blog Weekly』의 광고는 빈말이 아니다.

2009년 9월 베이징에서 개최된 중국 당대當代문학 60주년 기념 세미나에서 베이징대학 중문과의 천샤오밍陳曉明 교수는 현재 2억 5천만개의 블로그가 있으니 중국에는 2억 5천만 명의 작가가 있는 셈이라고 했다. 그리고 이제는 인터넷 소설 · 블로그 소설 뿐만 아니라 핸드폰 소설이 유행하고 있다고 했다.

이외에도 청소년이나 성 문제를 다룬 잡지가 많이 보인다. 2003년 12월 베이징 텔레비전에서 청소년과 부모 사이의 대화단절에 대해서 다루고 있었다. 청소년의 임신은 무지와 부모와의 대화 부족의 결과라는 것이었다. 예전에 비해 성지식은 증가했지만 정확도는 많이 떨어졌다는 것이다.

예상대로 청소년 대부분이 혼전 성관계에 개방적이었고 혼전 동거에 긍정적이었다. 반면에 3분의 2이상의 부모가 혼전 동거에 부정적 견해를 가지고 있었다. 문제는 청소년의 70퍼센트가 부모와 성에 대해서 대화를 하지 않는다는 것이었다. 중국의 주간 연예잡지 『일람천하一覽天下』가 2003년 12월 13일자에 특집으로 중고등학교에서 피임교육을 해야 하는가와 외국의 성교육 상황을 보도하고 있음을 볼 때 중국에서도 청소년의 성문제는 당면과제가 되었다.

2. PC방

중국의 PC방 풍경은 한국과 똑같다. 주식 시장 동향을 뚫어지게 보고 있는 이가 있는가 하면, 각종 게임에 몰두하고 있는 이들도 많다. 우리와 똑같이 포커 · 채팅 · 바둑 위주를 하면서 놀고 있다. 담배 연기가 자욱한 것이 일반적인 우리나라 PC방의 풍경과 다름이 없었다. 이제 큰 자본이 투입되어 중국의 PC방 분위기를 완전히 바꾸고 있다고 한다. 고급 PC방이 나타나고 있는 것이다. 2004년에는 베이징대학 서문부근에 한중합작으로 세계 최대 규모인 7백 석의 PC방이 들어섰다.

한 때 베이징에는 PC방이 어림잡아 1만여 개에 달하는 것으로 알려졌었다. 이런 상황에서 PC방이 철퇴를 맞는 사건이 발생했다. 2002년 베이징 대학가의 한 PC방에서 대형 화재사고가 나서 24명

"펩시콜라, 역량 PC방"(광저우)

이 사망하고 13명이 부상하는 참사가 빚어진 것이다. 1949년 중화
인민공화국 수립이후 단일사건으로 최대의 인명사고를 낸 화재 사
고였다. 전국이 발칵 뒤집힌 것은 물론이고 PC방에 대한 강력한 단
속이 뒤따랐다. 한 때 규제가 지나치게 강화되어 대형 업체 5개만
이 PC방을 개설할 수 있었다고 한다. 하지만 규제 배경에 대한 설
왕설래는 지금까지도 계속되고 있다. 화재 사건을 빌미로 유언비
어나 반정부 활동의 통로로 인식되고 있는 PC방을 단속한다는 것
이다.

● 인터넷 검열

　중국사회에서 제5의 미디어로 떠오른 휴대전화 문자메시지에
대해서도 당국이 본격적인 단속에 나섰다는 소식이 있다. 문자메
시지를 민심을 어지럽히는 유언비어의 진원지로 지목했기 때문이
란다. 2009년 1월 21일자 신화통신은 인터넷 저속 음란물 단속 판
공실이 이 달 들어 1천2백 개의 사이트를 폐쇄했다고 보도하고 있

다. 하지만 음란물이라는 범주 속에 정부에 비판적인 사이트가 들어가 있다는 사실은 누구나 아는 사실이다.

2003년에 들어서 6월까지 전 세계적으로 총 50여 명의 네티즌이 투옥됐는데 그중 4분의 3이 중국인이라고 한다. 2003년 12월 21일자 신문에서는 5대 직할시중 하나인 톈진이 인터넷 실명제를 실시할 것이란 보도하고 있었다. 2004년 1월1일부터 신분증을 가지고 인터넷 카드를 구매해야 한다는 것이다. 톈진에 7백개의 PC방이 있는데 따라서 네티즌이 급증하고 있고 그것이 청소년 문제로 대두되고 있다는 것이 당국의 설명이었다.

인터넷 실명제가 이런 현상 해결에 도움이 될 것이라는 정부의 믿음 자체에 문제가 있다. 최근 우리나라의 미네르바 구속 사건을 보더라도 통치 차원에서 보면 인터넷 공간의 자유는 그다지 달가운 존재가 아닌 모양이다. 장쩌민 국가주석 당시에는 건전한 인터넷 문화 건설이라는 명분아래 PC방 8천개소가 문을 닫았던 적도 있다. 2008년 12월 중국 지식인 303인의 민주주의 선언 이후 인터넷 검열이 더욱 강화되고 있다. 2009년 9월 현재까지 중국 네티즌들은 유튜브나 트위터 같은 동영상 공유 사이트나 전파력이 강한 서비스에 접속할 수 없다.

사실 중국의 PC방이 정치적 도마 위에 올랐던 적은 한두 번이 아니다. 수많은 규제 속에서 출발했던 것을 포함해서 정부가 자신의 권위를 확인하고자 할 때마다 철퇴를 맞았다. 특히 인터넷을 통한 해외 교류와 연대가 매우 용이하다는 점에서 반정부 활동의 배후 포스트로 지목되고 있어 정부의 일관된 주목을 받고 있다.

2009년 상반기에는 '그린 댐(PC 웹 필터링 소프트웨어)'이 중국을 비롯한 전 세계의 핫이슈가 된 적이 있다. 중국 내에서 판매되는 개인용 컴퓨터에 '그린 댐'을 의무적으로 설치해야 한다는 당국의 조치에 반발하는 여론이 전 세계 차원에서 비등했다. 미국은 그 조치가 세계

PC방(광저우)

무역기구 규정을 위반하는 것이라고, 유럽연합은 인터넷을 필터링하려는 조치를 절대로 용납할 수 없다는 반응을 보이기도 했다.

결국 국내외적으로 비등하는 여론에 중국 당국이 굴복하여 시행 3시간 50분을 앞두고 전격 연기되었던 것이다. '그린 댐' 계획은 국내외 반정부 세력과의 연계 통로로 사용되고 있는 인터넷에 대한 검열을 강화하려는 당국의 의지가 그 출발점이다. 물론 당국은 시종일관 청소년을 인터넷 폭력물과 음란물로부터 보호하기 위한 부득이한 조치라고 설명한다.

이제 사기꾼을 식별하는 방법을 설명하는 경찰의 게시판에 인터넷 쇼핑몰에서 염가로 판다거나 행운권 당첨과 문자 형식의 사기를 조심하라는 경고가 등장한 것을 보면 인터넷은 중국 사회 속에 뿌리 깊게 자리 잡았다. 그래서 이래 저래 사이버 공간을 감시하는 경찰의 할일이 많아지고 있다.

동시에 무차별적으로 진행되고 있는 저작권 위반의 경우도 당국의 개입을 초래할 수밖에 없다. 중국 당국이 정보통신산업의 주요 업종으로 인식되는 PC방과 비디오방에 대해 단속을 강화하기로 한 것은 중국이 저작권 보호의 사각지대라는 오명에서 벗어나기 위한 의지도 크게 작용하고 있다. 저작권이 침해될 수밖에 없는 시스템을 기본적으로 봉쇄하여, 중국의 저작권 보호 의지를 대내외적으로 천명하겠다는 뜻이다.

● 인터넷 시위

한편 국가자존심 수호에 중국의 네티즌들이 적극적으로 나서고 있다. 2003년 9월 중일전쟁 발단인 만주사변 72주년을 맞아 중국 사상 최대 규모인 백만 명이 인터넷을 통해 일본에 항의하고 전쟁 피해 배상을 요구하는 탄원서에 서명했다. 당시 인터넷 시위는 중국의 7개 인터넷 사이트가 시작했는데, 당국도 캠페인 활동에 간섭하지 않았다고 한다.

몇 년 전에는 중국 최대의 섬인 해남도에 미국의 정찰기가 불시착한 사건을 두고 양국 네티즌들의 대결이 벌어지기도 했다. 비행기의 반환을 두고 벌어진 양국 네티즌들의 논쟁은 국가 자존심 대결로 발전되었다. 그들은 백악관과 중국 외교부의 홈페이지를 교대로 다운시키기도 했다.

2003년 10월 16일, 중국 흑룡강성 하얼빈에서 한 농민이 대파를 가득 실은 트랙터를 후진시키다 뒤에 있던 외제 승용차의 백미러를 긁었다. 승용차 주인은 차에서 내려 그에게 욕설을 퍼부었다. 농민의 아내가 싸움을 말리려고 하자 승용차 안에서 친척이 내려 아내에게 달려들었다. 순식간에 구경꾼이 몰려들었다. 사람들의 만류로 말다툼이 잦아들고 부부가 흐트러진 대파를 수습할 때, 갑자기 승용차가 전속력으로 덮쳐 농민의 아내가 그 자리에서 숨지고 구경꾼 12명이 다쳤다. 1심 재판에서 검찰이 이를 단순 교통사고로 처리한 것이 드러나면서 사건은 중국 전역을 뒤흔들었다.

검찰은 승용차 주인이 차를 몰 때 부주의로 사고가 났다며 도로

한국 불오징어라는 한글만으로 홍보 효과를 가지는 광저우
의 오징어 구이 가게. 한국 드라마를 통해 알려진 우리나라
의 이미지 덕분일 것이다.

교통법을 적용했다. 법원에선 징역 2년
집행유예 3년이라는 매우 관대한 판결을
했다. 판결 내용이 알려지자 중국의 주
요 포털 사이트 게시판은 분노한 네티즌
들의 목소리로 들끓었다. 당사자인 농민
은 보상금 9만 위안(약 1천 8백만원)을 받
고 다 끝난 것이라고 했다. 하지만 사건

우한대학에서 발견한 프랑스, 일본,
한국, 독일, 스페인, 이탈리아 제2
외국어 학습 안내 포스터

은 순식간에 개인사가 아닌 사회적 이슈로 확대되었던 것이다.

이 사건이 사회적 이슈로 부각되자 한 포털 사이트가 인터넷 설
문조사를 벌였다. 이 사건에 대한 법률 처리의 공정성을 묻는 질문
에 10만 명이 참가해 절대다수인 91%가 불공정하다고 답했다. 네
티즌의 분노가 들끓자 하얼빈시 당국은 이 사건에 대한 엄정한 재
조사를 선언했다. 이제 중국에서 인터넷은 세계로 통하는 관문의
역할 뿐만 아니라 가장 중요한 의사표현 수단의 하나가 된 것이다.

3. 한류

나는 한중 양국의 문화 차이를 설명하면서 내가 체험했던 생쥐 사건을 들곤 한다. 몇 년 전 중국 항저우에서 겪은 일이다. 새로 생긴 백화점의 큰 서점이었는데, 책장 사이 깨끗한 바닥에 생쥐 한 마리가 죽어 있었다. 머리가 깨져 흘린 빨간 피는 하얀 타일 바닥과 선명하게 대비되고 있었다. 순간 나는 이 장면이 천재일우의 기회라고 생각하고는 중국 사람들이 이 정황에 어떻게 대처하나 숨어서 지켜보기로 했다.

이 같은 경우 한국의 대형 서점이라면, 상황은 불을 보듯이 명확하게 진행되었을 것이다. 즉 여기저기서 비명소리를 지르거나 소리쳐 점원을 불렀을 것이다. 중국에서는 20분이 지나도 아무도 소리를 지르지 않았다. 중국 젊은이들은 매우 태연했다. 그 쥐를 자연스럽게 넘어가거나 피해 갔다. 심지어 어떤 이는 그 옆에 얌전히 앉아 책을 보았다. 마침내 어떤 사람이 그 죽은 생쥐의 존재를 알리자 쓰레받기와 빗자루를 들고 온 여자 점원은 평온한 얼굴로 처리했다.

그것이 바로 문화의 차이였다. 이 때 이런 상황에 소란스럽게 구

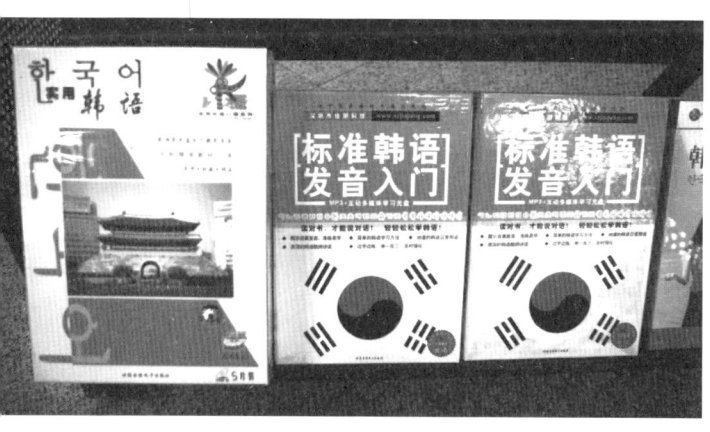

한류는 바로 한국어 학습 열풍을 몰고왔다. 광저우 서점에 진열된 한국어 학습 CD.

베이징 해전구 신화 서점의 한국어 코너

는 우리나라 사람들의 반응이 맞느냐, 아니면 점잖은 중국 사람들의 반응이 맞느냐 하는 것은 우문이다. 그저 다를 뿐이다. 사실 나는 생쥐 한 마리의 출현에 호들갑스러워하는 우리들 보다 중국인들의 그 음전한 반응이 훨씬 더 마음에 든다. 이렇듯 같은 상황에 대한 반응은 국가나 문화에 따라 천양지차다.

중국(대만)사람들은 한 때 중국과 우리나라의 관계를 형제지방(兄弟之邦 - 형제의 나라)이라고 했다. 이것은 국경선을 수천 년 동안 같이 맞대어 온 이웃이라는 개념과 전통적으로 유교 정신을 주류 생활이념으로 삼아왔다는 점 등의 동질성을 강조하기 위해 나온 표현이다.

하지만 '형제의 나라'라는 말은 점차 사라져 갔다. 각종 형식의 모임에서 특히 중국인들의 입을 통해 첫인사로 반드시 등장하던 이 말은 이제 더 이상 사용되지 않는다. 우리나라 사람들이 이 표현을 싫어한다는 것을 중국인들이 알고 난 뒤부터였다. 중국인들이 마이크를 잡고 형제의 나라 운운하면 좌중의 한국인들은 반사적으로 한마디씩 했다. 누가 형이고, 누가 동생이라는 거야!

요즈음 중국의 도시나 관광지에서 그리 어렵지 않게 한글을 볼 수가 있다. (이창)

● 한국 드라마

1980년대 중 후반 홍콩에서 유학할 때, 외국인 친구들이 내가 한국인이라는 사실을 알고 난 후의 화제는 단연 학생데모였다. 하기야 당시 홍콩의 텔레비전 뉴스에는 한국대학생의 데모 소식이 항상 타이틀을 장식하고 있었던 것이다. 심지어 어떤 친구들은 한국의 상황이 너무 위험해 보인다며 방학이라 일시 귀국하겠다는 나를 말리기도 했다. 하지만 십 년이면 강산도 변하듯이 언제부터인지 한국 연예인 이야기와 한국 드라마 이야기가 초면의 어색한 시간을 중화시키는 요긴한 양념으로 자리 잡기 시작하였다.

한국인이라고 인사하면 중국인·홍콩인·대만인 가릴 것 없이 내게 우선 이영애·전지현·송혜교·김희선·차태현·장나라 등의 안부를 묻는다. 자리에 여러 명의 중국 친구가 함께 있다면 그들끼리 전지현과 송혜교의 미모를 두고 입씨름에 돌입한다. 중국

이미지로 읽는 중화인민공화국

한글은 이렇게 의미 전달을 위한 것이 아니라 가게 이미지 부각의 수단이 된다.(광저우)

어과 교수들이나 한국어과 교수들도 모두 한국 텔레비전 드라마 주인공의 성격과 스토리 분석에 침이 마를 틈이 없다.

2006년 복건성 취안저우泉州에서 만난 발마사지 아가씨는 중국 사람들이 한국 드라마를 좋아하는 이유를 이렇게 분석했다. 우선 연기나 패션이 세련되었다는 것이고, 무엇보다도 중국드라마가 국가·영웅·민족·애국이라는 거대 담론을 다루고 있는데 반해, 한국 드라마는 사랑 등 개인감정을 다루고 있다는 것이다. 여기에 저자가 한마디 더 보탠다면, 우리나라 연예인의 말이나 태도 그리고 장면에서 보이는 근대적 이미지 때문일 것이다.

한류는 바로 한국어 학습 열풍을 불러왔다. 2009년 9월 현재 베이징 중관촌의 최대 서점인 신화서점의 서가 여섯 개를 한국어 학습 관련 서적이 차지하고 있다. 이제 중국에서 한국어과 졸업생은 최고의 배우자감이 된 지 오래이다. 드라마가 끌어올린 한국 이미지로 인해 한국어과 졸업생이 최고 인기를 구가하고 있다. 한국어과를 졸업하는 중국학생들을 중국 전역에 있는 한국 기업이 입도선매 하고 있기 때문이다.

요즈음 중국의 도시나 관광지에서 그리 어렵지 않게 한글을 볼 수가 있다. 수도 공항은 물론이고 한국인 집단 거주지인 베이징의 왕징望京 및 웬만한 관광지의 안내문은 중국어 - 영어 - 한국어 순으로 안내되어 있다. 또 중국에서는 한국 패션이 인기다. 옷 가게는 간판에 한글과 중국어를 병기하여 그들이 취급하는 상품이 '오리지널' 한국제품임을 인식시키기 위해 노력한다. 그 와중에 가게 이름을 엉터리 한글로 적어 놓은 곳을 발견하는 것도 재미난다.

　거리에서는 한글은 한글인데 말도 안 되는 한글을 인쇄한 티셔츠를 입은 청소년을 만나기도 한다. 한글이 영어만큼이나 유용한 광고 효과를 지닌 문자로 인식되고 있는 것이다. 한국 드라마를 통해 알려진 우리나라의 이미지 덕분일 것이다. 이에 따라 한국 기업들은 공격적 마케팅을 펼치고 있다. 이제 중국인들은 한국 사람을 만나면 자신이 한국 제품을 가지고 있음을 은근히 자랑한다.

　하지만 한국 드라마가 전파하는 상업주의는 어떻게 할 것인가! 시시각각 대량으로 소비되고, 금전과 미모가 가치 판단의 기준으로 작동하는 한국 사회의 병폐가 녹아든 드라마가 중국 전역을 강타하고 있다. 재벌 이야기 · 출생 비밀 이야기 · 삼각관계나 사각관계로 얼룩진 사랑 놀음으로 일관된 한국 드라마의 자극적인 스토리에 중국인들은 중독되고 있다. 이분법적인 선악의 잣대가 지배적인 한국 사회의 단순논리가 지속적으로 전파되고 있다. 한국 드라마는 이렇게 천민자본주의로 빠져들고 있는 중국 사회의 천박한 흐름을 조장하고 있는 것이다. ■

저자주

1) 발터 벤야민, 김영옥 · 윤미애 · 최성만 역, 『일방통행로 – 사유이미지』, 길, 2008(2쇄), 69면.

2) 임지현 외, 『우리 안의 파시즘』, 삼인, 2005, 31면.

3) 박건미, 『철학이야기 주머니』, 녹두, 1999, 256면.

4) 피터 마쓰, 최정숙 역, 『네 이웃을 사랑하라』, 미래의창, 2002, 52면.

5) 孝橋正一, 편집부 역, 『로자 룩셈부르크』, 여래, 1983, 56면.

6) 사무엘 헌팅턴, 이희재 역, 『문명의 충돌』, 김영사, 2000, 137면.

7) 『南方週末』, 2008년 11月 27日字.

8) 이사야 벌린, 신복룡 역, 『칼 마르크스』, 평민사, 1982, 25면.

9) 천광싱, 백지운 외역, 『제국의 눈』, 창비, 2003, 156면.

10) 고자카이, 방광석 역, 『민족은 없다』, 뿌리와이파리, 2003, 73면.

11) 「세계는 지금 – 우리는 같은 황제 자손, 중화민족주의의 구심점으로」, 『중앙일보』 2005년 5월 7일 참조.

12) 박노자, 『당신들의 천국』 1, 한겨레신문사, 2006, 210면.

13) 錢理群, 『魯迅作品十五講』, 北京大學出版社, 2004年(6月 3次 印刷), 143面.

14) 이 장의 일부 내용은 필자의 논문 「중국 사회주의 과정에서 毛澤東과 鄧小平의 경우」, 『유관순 연구』 제7호(천안대학교 유관순연구소, 2006.2)에서 인용하였음.

15) 샤오메이 천, 정진배 · 김정아 역, 『옥시덴탈리즘』, 강, 2001, 74면.

16) 임지현 외, 『우리 안의 파시즘』, 삼인, 2005, 25면.

17) 이 장의 일부 내용은 필자의 논문 「중국 사회주의 과정에서 毛澤東과 鄧小平의 경우」, 『유관순 연구』 제7호(천안대학교 유관순연구소, 2006.2)에서 인용하였음.

18) 華夫 · 一萍 撰, 「內地五十萬人持假文憑」, 『明報月刊』 2008年 11月號, 59面.

19) 『New York Times』, 2009년 7월 27일자 보도, 『세계일보』 2009년 7월 28일자에서 재인용.

20) 『South China Morning Post』, 2009년 7월 27일자 보도, 『한겨레』 2009 년 7월 29일자에서 재인용.

21) 이 장의 일부 내용은 필자의 논문 「최근 중국의 문화 현상 읽기」, 『유관순 연구』 제8호(천안대학교 유관순연구소, 2006.2)에서 인용하였음.

22) 『參考消息』, 2008年 12月 10日字, 8面.

23) 이 장의 일부 내용은 필자의 논문 「최근 중국의 문화 현상 읽기」, 『유관순 연구』 제8호(천안대학교 유관순연구소, 2006.2)에서 인용하였음.

24) 劉佩瓊, 『當代中國解讀』, 商務印書館, 2008年(4月 2次 印刷), 38面.

25) 『南方週末』2008年 11月 27日字 文化面 D22面.

26) 주융, 김양수 역, 『베이징을 걷다』, 미래인, 2008, 109면.

27) 김경애, 「나폴레옹도 후회했을까」, 『한겨레』, 2009년 7월 22일자, 한겨레 프리즘 참조.

28) 이 장의 일부 내용은 필자의 논문 「중국 사회주의 과정에서 毛澤東과 鄧小平의 경우」, 『유관순 연구』 제7호(천안대학교 유관순연구소, 2006.2)에서 인용하였음.

29) 『鳳凰週刊』, 2008年 第35期, 總第312期, 2008年 12月 15日, 42~43面.

30) 김성기, 『모더니티란 무엇인가』, 민음사, 1995, 66면.

31) 王若水, 「毛澤東發動文革的契機」, 『明報月刊』, 2002年 8月號, 82面.

32) 尹振環, 「毛澤東的皇權專制主義」, 『明報月刊』, 2009年 1月號, 49~54面.

33) 임지현 외, 『우리 안의 파시즘』, 삼인, 2005, 41면.

34) 李澤厚 · 劉再復, 『告別革命』, 香港 天地圖書, 1995年, 35面.

35) 王若水 遺著, 『新發現的毛澤東』 上 · 下, 明報出版社, 2003年 2月 2版, 513面.

36) 李澤厚 · 劉再復, 『告別革命』, 香港 天地圖書, 1995年, 131面.

37) 李澤厚 · 劉再復, 『告別革命』, 香港 天地圖書, 1995年, 2面.

38) 章立凡, 「長夜孤燈錄」, 『明報月刊』, 2005年 1月號, 33面.

39) 丸山松幸, 김정화 역, 『오사운동의 사상사』, 일월서각, 1983, 80면.

40) 박노자, 『당신들의 천국』, 한겨레신문사, 2006, 210면.

이미지로 읽는 중화인민공화국

41) 샤오메이 천, 정진배 · 김정아 역,『옥시덴탈리즘』, 강, 2001, 54면.

42) 후자오량, 김태성 역,『중국의 문화 지리를 읽는다』, 휴머니스트, 2005, 65면.

43) 사무엘 헌팅턴, 이희재 역,『문명의 충돌』, 김영사, 2000, 138면.

44) 박노자,『우리가 몰랐던 동아시아』, 한겨레출판, 2007, 130면, 453 · 513面.

45) 사무엘 헌팅턴, 이희재 역,『문명의 충돌』, 김영사, 2000, 81면.

46) 이 장의 일부 내용은 필자의 논문「최근 중국의 문화 현상 읽기」,『유관순 연구』제8호(천안대학교 유관순연구소, 2006.2)에서 인용하였음.

47) 사무엘 헌팅턴, 이희재 역,『문명의 충돌』, 김영사, 2000, 82면.

48) 劉再復,「欲望的權利與欲望的制衡」,『明報月刊』, 2002年 5月號, 25面.

49) 김영민,『자색이 붉은 색을 빼앗다』, 동녘, 2001, 106면.

50) 이영희,『전환시대의 논리』, 창작과비평사, 1979, 109면.

찾아보기

이미지로 읽는 중화인민공화국